# QuickStart
# MS-DOS 6

Jörg Schieb

SYBEX
Computerbücher & Software

DÜSSELDORF · SAN FRANCISCO · PARIS · SOEST (NL)

Projektmanagement/Lektorat: Daniel Danhäuser
Satz: SYBEX-Verlag GmbH, Daniel Danhäuser
Belichtung: Softype Computersatz-Service GmbH, Düsseldorf
Farbreproduktionen: Mause House Design GmbH, Düsseldorf
Umschlaggestaltung: Mause House Design GmbH, Düsseldorf
Druck und buchbinderische Verarbeitung: Ebner Ulm

3-8155-5595-7
1. Auflage 1993

# Inhalt

# Vorwort

Technologische Meilensteine werden durch MS-DOS 6 sicher nicht gesetzt. Trotzdem habe die neue Betriebssystem-Version eine ganze Menge interessanter Neuheiten zu bieten: Endlich gibt es ein komfortables Backup-System und einen integrierten Virenschutz. Auch die Zusammenarbeit zwischen MS-DOS und Windows wurde verbessert, vor allem die Speicherverwaltung. Einige MS-DOS-Befehle stehen jetzt auch unter Windows zur Verfügung, etwa das verbesserte Undelete zum Wiederherstellen gelöschter Dateien.

Die wirklichen Highlights der neuen MS-DOS-Version sind aber sicher DoubleSpace und MemMaker. Mit Hilfe von Double-Space verdoppelt man im Handumdrehen die Speicherkapazität jeder Festplatte. Und mit MemMaker werden die Konfigurationsdateien vollautomatisch optimiert.

Interessant sicher auch die Möglichkeit, mehrere alternative Konfigurationen zu definieren, aus denen man beim Startvorgang auswählen kann (sogenannte *Multiple Boot Option*). Darüber hinaus gibt es noch zahllose kleinere Neuheiten, etwa den CHOICE-Befehl, der Eingaben jetzt auch in Batchdateien ermöglicht. Was will man mehr?

Ich finde, das Aufrüsten auf MS-DOS 6 lohnt sich. DoubleSpace allein ist meiner Meinung nach Grund genug, um MS-DOS 6 zu installieren: In den nächsten paar Monaten brauche ich mir keine Gedanken mehr darüber zu machen, daß die Speicherkapazität meine Festplatten möglicherweise zur Neige gehen könnte - ein gutes Gefühl.

Dieser QuickStart soll Ihnen, lieber Leser, dabei helfen, sich möglichst schnell in den Neuheiten von MS-DOS 6 zurechtzufinden. Darüber hinaus soll er Sie natürlich auch mit den wichtigsten Grundlagen vertraut machen. Ich hoffe, Sie werden viele nützliche Tips finden...

Ich möchte an dieser Stelle Daniel Danhäuser danken, der diesen QuickStart bei Sybex in gewohnt professioneller Weise betreut hat. Bedanken möchte ich mich auch bei Patrick Tensil und Lothar Hänle aus dem Hause Microsoft; sie haben mich beide bei meiner Arbeit vorzüglich unterstützt.

Jörg Schieb, im März 1993

# Schritt 1:

# Installation

*Die Installation von MS-DOS 6 ist denkbar einfach: Diskette einlegen und los geht's. Die automatische Installation, ermöglicht durch SETUP, nimmt dem Anwender alle Entscheidungen ab, wo dies möglich ist. Etwaige Abfragen während der Installation erfolgen im Dialog. SETUP ermittelt nach dem Start selbständig die für die Installation von MS-DOS 6 relevanten Komponenten des Systems: Wieviel Speicher und welche Grafikkarte sind installiert? Steht noch genügend Speicherkapazität auf der Festplatte zur Verfügung? Über welche Tastatur und Maus verfügt der Rechner? Die von SETUP ermittelten und am Bildschirm angezeigten Werte sind meistens korrekt und müssen nur selten korrigiert werden.*

*Konfiguration wird automatisch ermittelt*

Während der Installation werden alle erforderlichen Dateien des Systems auf die Festplatte des Rechners kopiert. Sollte MS-DOS 6 allerdings nicht auf einer Festplatte, sondern auf einer Diskette installiert werden, wird eine sogenannte *Startdiskette* eingerichtet.

*Installation auf Diskette oder Festplatte*

## Voraussetzungen

Um MS-DOS 6 erfolgreich installieren zu können, gilt es, einige Voraussetzungen zu erfüllen: genügend verfügbare Speicherkapazität auf der Festplatte (rund 2,5 MByte), drei oder vier freie Disketten, sofern MS-DOS auf Disketten installiert werden soll, sowie genügend freier Arbeitsspeicher. Während der Installation werden alle Voraussetzungen noch einmal geprüft. Sollte die eine oder andere Voraussetzung nicht erfüllt sein, erscheint eine entsprechende Meldung auf dem Bildschirm.

## Die Installation auf Festplatte

Sofern Sie MS-DOS 6 auf Festplatte installieren, muß diese über genügend freie Speicherkapazität verfügen, das sind rund 4,5 MByte. SETUP löscht das bislang verwendete Betriebssystem nicht, sondern legt ein separates Verzeichnis dafür an. Sie haben

dadurch die Möglichkeit, MS-DOS 6 später wieder von der Festplatte zu entfernen.

## Die Installation auf Diskette

Sie haben die Möglichkeit, MS-DOS 6 auf Diskette zu installieren.
Dazu werden automatisch Kopien aller Systemdisketten angefertigt, die dabei gleichzeitig auch konfiguriert werden. Sie benötigen für die Installation nur eine Diskette. Da der Umfang der
Dateien in der neuen Version zugenommen hat, können nur die
wichtigsten Dateien auf die Diskette kopiert werden.

## Durchführen der Installation

Um MS-DOS 6 erfolgreich zu installieren, ist nicht viel Aufwand
erforderlich: Schalten Sie Ihren Rechner aus, legen Sie die erste
Systemdiskette ins Diskettenlaufwerk und schalten Sie anschließend den Rechner wieder ein (natürlich können Sie Ihren Rechner auch durch die Tastenkombination SA_ zurücksetzen). Sollten
Sie Ihren Rechner bereits gestartet haben, legen Sie die erste Systemdiskette ins Diskettenlaufwerk, und geben Sie folgendes ein:

```
A:
```

```
SETUP
```

### Art der Installation bestimmen

Es gibt verschiedene Möglichkeiten, MS-DOS 6 zu installieren.
Deswegen verfügt SETUP auch über mehrere sogenannte *Optionen*, die das Vorgehen der Installation bereits im Vorfeld definieren. Folgende Optionen sind bekannt:

```
SETUP [/B] [/E] [/F] [/I] [/M] [/Q] [/U]
```

| Option | Bedeutung |
|--------|-----------|
| /B | Verwendet Schwarzweiß- statt Farbbildschirmanzeige. |
| /E | Installiert die optionalen Programme für Windows und MS-DOS. |

| /F | Installation von MS-DOS 6 auf eine Diskette. |
|---|---|
| /I | Ignoriert die Hardware-Ermittlung. |
| /M | Installiert das minimale MS-DOS 6-System. |
| /Q | Kopiert Dateien von MS-DOS 6 auf die Festplatte. |
| /U | Installation auf Festplatte selbst dann durchführen, wenn eine unbekannte Partition entdeckt wird. |

Tab. 1.1: Die Optionen des SETUP-Befehls

Wird keine dieser Optionen beim Aufruf von SETUP angegeben, wird die "normale" Installation gefahren, in der Regel ist das die Installation auf Festplatte mit einer durchschnittlichen Konfiguration.

## Installation auf Diskette

Wollen Sie MS-DOS auf Diskette installieren, verwenden Sie die Option /F. Geben Sie dazu bitte folgendes ein, nachdem Sie den Rechner gestartet haben:

```
A:
```

```
SETUP /F
```

## Besonderheiten bei der Installation

Die Option /B verwenden Sie, wenn Sie bei der Installation mit SETUP Schwierigkeiten bei der Farbwahl hatten. Die Option /U sollten Sie nur dann verwenden, wenn Sie die Bedeutung dieser Option einschätzen können. Arbeiten Sie beispielsweise mit einem Rechner, der über eine Novell-Partition verfügt, starten Sie die Installation wie folgt:

*/B für Schwarz-Weiß*

*/U bei fremden Betriebssystem-Partitionen*

```
SETUP /U
```

## Der Begrüßungsbildschirm

Die Installation startet nun. Eine der ersten Aufgaben von MS-DOS ist die Ermittlung der verwendeten Systemkonfiguration. Anschließend erscheint der erste Begrüßungsbildschirm. Es wird

```
Setup für Microsoft MS-DOS 6


        Willkommen zum Setup.

        Das Setup-Programm bereitet MS-DOS 6 zum Ausführen auf Ihren
        Computer vor.

        • Drücken Sie die EINGABETASTE, um MS-DOS 6 zu installieren.

        • Drücken Sie die F1-TASTE, um über das Setup zu lernen,
          bevor Sie fortsetzen.

        • Drücken Sie die F3-TASTE, um Setup zu beenden, ohne
          Installation von MS-DOS 6.




EINGABETASTE=Weiter   F1=Hilfe   F3=Ende   F5=Schwarz/Weiß
```

Abb. 1.1: Der Begrüßungsbildschirm der Installation

darauf hingewiesen, daß eine oder gar zwei Leerdisketten benötigt werden, mit deren Hilfe später das Entfernen der Installation möglich ist. Mit Hilfe von ⌐⌐ bestätigen Sie, daß Sie MS-DOS 6 installieren wollen.

## Die Tastaturbelegung

*Tastaturbelegung während Installation*

Während der Installation von MS-DOS 6 haben einige Tasten eine Sonderfunktion. In der untersten Bildschirmzeile werden die jeweils zu verwendenden Tasten mit ihrer Bedeutung aufgeführt. So erreichen Sie beispielsweise über die Taste F1 jederzeit eine kontextsensitive Hilfe, einen auf die jeweils aktuelle Situation bezogenen Hilfetext.

Mit Hilfe der Cursortasten können Sie den Auswahlcursor bewegen. Um zwischen verschiedenen Eingabefeldern zu wechseln, verwenden Sie die Taste ⇆. Eine Hervorhebung kennzeichnet jeweils die aktuelle Position des Auswahlcursors. Sollten Sie sich in einem Eingabefeld zwischen Ja und Nein oder zwischen On und Off entscheiden können, verwenden Sie ⌐⌐⌐ zum Umschalten; natürlich können Sie sich auch der Tasten J und N bedienen.

*Abbruch durch F3*

Wollen Sie jedoch die Installation abbrechen, so ist dies jederzeit durch die Taste F3 möglich; nach einer Sicherheitsabfrage wird die Installation sofort abgebrochen. Und mittels [Esc] gelangen Sie in den jeweils vorherigen Bildschirm. Zusammengefaßt können Sie grundsätzlich während der Installation folgende Tasten verwenden:

| Taste | Bedeutung |
|---|---|
| [F1] | Hilfetext anfordern |
| [F3] | Installation abbrechen |
| [F5] | Aktivieren der Schwarzweiß-Darstellung |
| [Esc] | Rückkehr zum aktuellen Bildschirm |
| [←] | Bewegt den Cursor um eine Zeile nach oben |
| [↑] | Bewegt den Cursor um eine Zeile nach unten |
| [→] | Bewegt den Cursor um ein Zeichen nach rechts |
| [↓] | Bewegt den Cursor um ein Zeichen nach links |
| [←┘] | Bestätigt Auswahl oder setzt Installation fort |

Tab. 1.2: Tastaturbelegung bei Installation

## Die ständig verfügbaren Hilfen

Sollten Sie über [F1] einen Hilfetext anfordern, erscheint dieser komplett auf dem Bildschirm. Sofern der Text nicht auf einmal in das Fenster paßt können Sie mit Hilfe der Cursortasten [↑] und [↓] sowie mit [Bild↑] und [Bild↓] den dargestellten Textausschnitt bestimmen. Haben Sie den Hilfetext komplett gelesen, betätigen Sie die Taste [Esc], um mit der Installation fortzufahren.

*Hilfen durch [F1]*

Bevor nun DOS 6 auf Ihrer Festplatte installiert wird, fragt Sie SETUP nach dem Verzeichnis, in das alle Betriebssystemdateien hineinkopiert werden sollen. Mit den Cursortasten gelangen Sie in die Eingabezeile für den Verzeichnisnamen. Drücken Sie [←┘] und geben Sie einen neuen Verzeichnisnamen ein.

*Verzeichnis-auswahl*

Genauso verfahren Sie bei den anderen Optionen. Drücken Sie anschließend [←┘], um die Installation fortzusetzen. Im nächsten Bildschirm haben Sie die Auswahl für die Installation zusätzlicher Tools wie BACKUP, UNDELETE und ANTI-VIRUS. Alle drei Programme liegen sowohl als DOS- als auch als Windowsversion vor. Sie können nun entscheiden, ob beide Varianten oder nur eine von beiden installiert werden soll. Haben Sie alle Einstellungen vorgenommen, müssen Sie den Vorgang der Installation anschließend mit "Ja" bestätigen. Die Installation kann beginnen.

Schritt 1

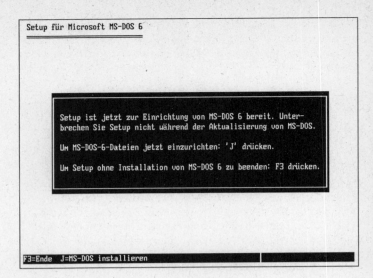

```
Setup für Microsoft MS-DOS 6



      ┌──────────────────────────────────────────────────────┐
      │ Setup ist jetzt zur Einrichtung von MS-DOS 6 bereit. Unter- │
      │ brechen Sie Setup nicht während der Aktualisierung von MS-DOS. │
      │                                                        │
      │ Um MS-DOS-6-Dateien jetzt einzurichten: 'J' drücken.   │
      │                                                        │
      │ Um Setup ohne Installation von MS-DOS 6 zu beenden: F3 drücken. │
      └──────────────────────────────────────────────────────┘




F3=Ende  J=MS-DOS installieren
```

Abb. 1.2: SETUP ist bereit zur Installation

## Die erzeugten Systemdateien

Während der Installation mit Hilfe von SETUP werden nicht nur alle erforderlichen Systemdateien kopiert, sondern auch notwendige Anpassungen an die vorhandene Hardware sowie Ihre individuellen Anforderungen vorgenommen. Zu diesem Zweck erstellt SETUP im Hauptverzeichnis automatisch die beiden DOS-Systemdateien mit den Dateinamen:

> AUTOEXEC.BAT
> CONFIG.SYS

Sollten Sie MS-DOS 6 auf ein System installieren, das bereits mit einer DOS-Version bestückt war, bleiben die bisherigen Eintragungen in den beiden Systemdateien erhalten. Sie werden lediglich um etwaige neue Befehle ergänzt, die MS-DOS 6 auszeichnen.

*Reine*
*Textdateien*
Beide Dateien sind reine Textdateien und können bei Bedarf mit jedem Zeileneditor, Ganzseiteneditor (beispielsweise EDIT) und auch jeder handelsüblichen Textverarbeitung bearbeitet werden. Gleichwohl ist der Inhalt der beiden Systemdateien sehr wichtig für die ordnungsgemäße und effektive Arbeitsweise von MS-DOS, so

daß ungewollte oder unqualifizierte Änderungen möglichst vermieden werden sollten.

Sofern Sie weniger erfahren im Umgang mit den beiden Systemdateien sind, sollten Sie bei der Bearbeitung der beiden Systemdateien größte Sorgfalt walten lassen. Sollten sich Fehler einschleichen, kann das zur Folge haben, daß das System nicht vollständig installiert wird. In den Kapiteln 17 und 18 gehe ich ausführlich auf die Bedeutung und die Möglichkeiten der beiden Systemdateien ein.

## Alte DOS-Version löschen

Sollten Sie MS-DOS 6 auf Festplatte installiert haben, ist die dort bislang verwendete DOS-Version zwar ersetzt, aber nicht gelöscht worden. Sie haben die Möglichkeit, MS-DOS 6 jederzeit wieder von der Festplatte zu entfernen. Zumindestens so lange Sie das von der Installationsroutine automatische erzeugte Verzeichnis, das die alten DOS-Systemdateien enthält, nicht gelöscht haben. Sie finden die alten Befehlsdateien im Verzeichnis:

```
OLD_DOS.1
```

Sollten Sie MS-DOS 6 mehrfach auf der Festplatte installiert haben, existieren mehrere dieser Verzeichnisse - durchnummeriert in der Dateikennung hinter dem Dezimalpunkt.

## DELOLDOS

Sofern Sie sicher sind, daß Sie mit MS-DOS 6 auch weiterhin arbeiten wollen, sollten Sie die alte DOS-Version löschen, um nicht unnötigerweise Speicherkapazitäten der Festplatte zu verschwenden. MS-DOS 6 stellt zu diesem Zweck einen eigenen Befehl zur Verfügung: DELOLDOS. Geben Sie ein:

```
DELOLDOS
```

Eine Meldung erscheint auf dem Bildschirm, die Sie darauf hinweist, daß nach Ausführung von DELOLDOS ein Wiederherstellen der zuvor verwendeten Konfiguration nicht mehr möglich ist - auch nicht mit Hilfe der durch SETUP erstellten Uninstall-Diskette. Wird diese Sicherheitsmeldung durch F12 bestätigt, beginnt DELOLDOS mit dem Löschvorgang. Alle Dateien im Verzeichnis OLD_DOS werden gelöscht.

Nach dem Löschvorgang erscheint noch eine kurze Mitteilung, daß die alte DOS-Version erfolgreich von der Festplatte entfernt wurde. Anschließend entfernt sich DELOLDOS selbst.

## Installation rückgängig machen

Um die Installation von MS-DOS 6 rückgängig zu machen, legen Sie die von SETUP erstellte Uninstall-Diskette bereit. Legen Sie sie ins Diskettenlaufwerk des Rechners ein, und starten Sie den Rechner erneut. Die Uninstall-Diskette verfügt nicht nur über alle wichtigen Daten über die *vor* der Installation von MS-DOS 6 vorgefundene Konfiguration, sondern kann zudem zum Booten des Systems verwendet werden.

Die Uninstall-Diskette meldet sich automatisch mit dem Programm, das der Deinstallation von MS-DOS 6 dient. Nach der Bestätigung einer Sicherheitsabfrage beginnt die Uninstall-Routine automatisch mit dem Entfernen des MS-DOS 6 und der Wiederherstellung des alten Zustands.

# Schritt 2:

# Befehlseingabe

*Neben der grafischen Benutzeroberfläche, der DOS-Shell, verfügt MS-DOS auch über eine zeichenorientierte Befehlsoberfläche, durch die sozusagen die klassische Bedienung möglich ist. Immer wenn Sie mit der zeichenorientierten Befehlsoberfläche des MS-DOS Kontakt haben, erscheint das sogenannte* Systemprompt, *das Eingabebereitschaft signalisiert. Das Prompt enthält in der Regel den Namen des Standardverzeichnisses. Einige Beispiele:*

```
A:\>, C:\DOS> oder D:\WORD\TEXT>
```

Ein blinkender Cursor stellt die jeweils aktuelle Position in der Eingabezeile dar. Die Befehle können nun zeichenweise über die Tastatur eingegeben werden. Wie komfortabel das geschieht, hängt davon ab, ob Sie DOSKEY gestartet haben. DOSKEY erweitert die Editierfunktionen des DOS erheblich. Nachfolgend eine Unterscheidung der klassischen Bedienung *ohne* und der komfortablen Bedienung *mit* DOSKEY.

## Die Standard-Editierfunktionen

Sollten die erweiterten Editierfunktionen, die DOSKEY zur Verfügung stellt, nicht genutzt werden, stehen Ihnen die Standardfunktionen der Befehlseingabe zur Verfügung.

| Taste | Funktion |
|-------|----------|
| ⏎ | Schließt die aktuelle Befehlszeile ab und läßt MS-DOS den Befehl ausführen. |
| F1 | Holt das jeweils nächste Zeichen aus dem DOS-Puffer und gibt es aus. |
| *·* | Kopiert alle Zeichen bis zum ersten Auftreten von *n* aus dem DOS-Puffer und gibt sie aus (*n* selbst wird nicht mehr kopiert). |
| F3 | Kopiert von der aktuellen Position an alle verbleibenden Zeichen aus dem DOS-Puffer und gibt sie aus. |

| | |
|---|---|
| F4 N | Überspringt im DOS-Puffer alle Zeichen bis zum ersten Auftreten von *n*. Der interne Zeiger im DOS-Puffer zeigt anschließend auf *n*. |
| F5 | Die aktuelle Eingabezeile wird in den internen DOS-Puffer kopiert. |
| F6 | Erzeugt das End-Of-File-Zeichen (EOF), das alternativ auch durch die Tastenkombination Sz erzeugt werden kann. |
| Einfg | Schaltet zwischen dem Einfüge- und Überschreibmodus um. |
| Entf | Löscht das aktuell unter dem Cursor befindliche Zeichen |
| Esc | Die aktuelle Befehlszeile wird abgebrochen, bisher Eingegebenes gelöscht. Ist DOSKEY aktiv, erscheint der Cursor an der ersten Stelle der Eingabezeile, ist DOSKEY nicht aktiv, erscheint am Ende der Eingabezeile ein Backslash (\) und der Cursor erscheint in der Folgezeile. |
| A*nnn* | Erzeugt das Zeichen mit dem ASCII-Code *nnn*; der Code muß über die rechte Zifferntastatur eingegeben werden. |
| ⇦ | Das links vom Cursor befindliche Zeichen wird gelöscht, und der Cursor rückt nach links. |
| Druck | Gibt den aktuellen Bildschirminhalt als Hardcopy auf dem Drucker aus. |

Tab. 2.1: Die Standardbelegung bei der Befehlseingabe

## Erweiterte Editierfunktionen

*Interner Puffer*

Der neue Befehl DOSKEY stellt verschiedene Möglichkeiten zur komfortablen Bearbeitung der eingegebenen DOS-Befehlszeilen zur Verfügung. Dazu wird ein interner Puffer eingerichtet, dessen Größe frei bestimmt werden kann (ab 256 Zeichen). Je größer der Puffer ist, um so mehr Eingabezeilen können dort gespeichert werden.

*DOSKEY starten*

Um DOSKEY zu starten, müssen Sie DOSKEY lediglich einmal aufrufen. Verwenden Sie dabei folgende allgemeine Befehlssyntax:

```
DOSKEY[/REINSTALL] [/BUFSIZE=Größe] [/MACROS] [/HI-
STORY] [/INSERT] [/OVERSTRIKE] [Makro=[Text]]
```

| Option | Wirkung |
|---|---|
| /BUFSIZE | Definiert die Puffergröße für die zwischen-gespeicherten Befehlszeilen und Makros. Die Mindestgröße ist 256 Byte, die Standardgröße 512 Byte. |
| /HISTORY | Zeigt die augenblicklich im Puffer befindlichen Befehlszeilen an. |
| /INSERT | Bei der Bearbeitung einer eingegebenen Befehlszeile ist der Einfügemodus aktiv. |
| /MACROS | Zeigt die gegenwärtig definierten DOSKEY-Makros am Bildschirm an. |
| /OVERSTRIKE | Bei der Bearbeitung einer bereits eingegebenen Befehlszeile ist der Überschreibmodus aktiv (Standardeinstellung). |
| /REINSTALL | Durch diese Option wird DOSKEY erneut installiert, etwa um neue Optionen zu übernehmen. |
| *Makroname* | definiert den Namen eines Makros, das durch DOSKEY verwaltet wird und *Text* den Inhalt des zu definierenden Makros. Als Befehlstrenner wird die Zeichenkombination $T verwendet. |

Tab. 2.2: Die Befehlssyntax des DOSKEY-Befehls

Sofern Sie Upper Memory installiert haben, können Sie DOSKEY auch dort laden und dadurch den Hauptspeicher entlasten. Verwenden Sie LOADHIGH, um DOSKEY zu starten. Sollte kein Upper Memory verfügbar sein, wird DOSKEY im konventionellen Speicher installiert:

*Speicher entlasten*

```
LOADHIGH DOSKEY
```

## Zwischenspeicher durchblättern

Durch einmaliges Betätigen der Taste ⬆ erscheint die zuletzt eingegebene Befehlszeile. Wird die Taste ⬆ erneut betätigt, erscheint die wiederum *davor* eingegebene Zeile etc. Umgekehrt erreichen Sie durch ⬇ die jeweils chronologisch nachfolgend eingegebene Zeile. Hat man den letzten Eintrag in der Liste erreicht, verbleibt dieser auf dem Bildschirm. Den Cursor können Sie mit Hilfe der

*Befehlszeilen bearbeiten*

*Cursor bewegen*

beiden Cursortasten → und I frei innerhalb der Eingabezeile bewegen, ohne daß dadurch Zeichen verloren gehen. Wollen Sie gezielt an den Anfang oder an das Ende einer Zeile springen, verwenden Sie die Tasten Pos1 bzw. Ende. Der Cursor erscheint dann entsprechend auf dem ersten Zeichen der Zeile bzw. *hinter* dem letzten. Eine besonders angenehme Funktion ist die *Suchoption*:

*Suchfunktion durch F8*

Um eine Befehlszeile im Zwischenspeicher aufzusuchen, wird lediglich eine beliebige Anzahl von Zeichen der betreffenden Befehlszeile angegeben - schon ein Zeichen ist ausreichend. MS-DOS sucht nun auf Tastendruck die erste in der DOSKEY-Chronologie befindliche Zeile heraus, die wie oben beschrieben beginnt. Um die Suchoption zu aktivieren, betätigen Sie die Taste die Taste F8.

| Taste(n) | Bedeutung |
|---|---|
| ↑ | Vorhergehende Befehlszeile anzeigen |
| ↓ | Nächste Befehlszeile anzeigen |
| ← | Cursor um ein Zeichen nach links |
| → | Cursor um ein Zeichen nach rechts |
| Pos1 | Cursor an den Anfang der Befehlszeile |
| Ende | Cursor ans Ende der Befehlszeile |
| Esc | Aktuelle Befehlszeile verwerfen |
| Einfg | Wechselt Einfüge- und Überschreibmodus |
| Entf | Zeichen unter Cursor löschen |
| Esc | Aktuelle Befehlszeile abbrechen (löschen) |
| ⟸ | Zeichen links vom Cursor löschen |
| Strg ← | Cursor an vorangehenden Wortanfang |
| Strg → | Cursor an nächsten Wortanfang |
| F7 | Zeigt eine Liste aller Befehlszeilen |
| Alt F7 | Löscht alle Befehlszeilen im Speicher |
| F8 | Sucht die nächste passende Befehlszeile |
| F9 | Zeigt eine beliebige Befehlszeile |
| Alt F10 | Löscht alle Makros |

Tab. 2.3: Die erweiterten Editierfunktionen von DOSKEY

## Die Eingabe einer Befehlszeile

*Groß- und Kleinschreibung*

Die Eingabe einer Befehlszeile ist im wesentlichen unabhängig davon, ob DOSKEY aktiv ist oder nicht. DOS-Befehle können sowohl in Groß- als auch in Kleinbuchstaben eingegeben werden. Folgen einem DOS-Kommando oder dem Namen eines Anwendungsprogramms noch Parameter und Optionen, so sind diese durch wenigstens ein Leerzeichen vom eigentlichen Kommando zu trennen. Verschiedene Parameter sind grundsätzlich ebenfalls durch wenigstens ein Leerzeichen voneinander zu trennen, Optionen können hingegen unmittelbar hintereinander definiert werden. Ein Beispiel:

```
DIR *.TXT /W/P
```

Der Parameter *.TXT ist durch jeweils ein Leerzeichen vom DOS-Kommando und den beiden Optionen (Schaltern) getrennt, zwischen den beiden Optionen sind keine Leerzeichen als Trennsymbol erforderlich.

*Suchpfad*

Bitte beachten Sie den *Suchpfad*, der durch PATH definiert wird. Das angegebene Kommando kann nur dann ausgeführt werden, wenn MS-DOS dieses im Standardverzeichnis oder in einem im Suchpfad (siehe auch Schritt 5) definierten Verzeichnis findet. Es ist jedoch möglich, das Laufwerk und das Verzeichnis anzugeben, in dem sich die Befehlsdatei befindet. Wenn sich die Textverarbeitung WORD nicht im Suchpfad befindet, starten Sie die Anwendung beispielsweise durch folgendes Kommando:

```
\WORD\WORD DEMO.TXT
```

## Einige Fallbeispiele

Zum besseren Verständnis möchte ich Ihnen an dieser Stelle ein Beispiel präsentieren. Sie geben irrtümlicherweise folgende Befehlszeile ein:

```
ETASE *.SIK
```

Es müßte natürlich ERASE heißen. Sofern die erweiterten Editierfunktionen durch DOSKEY *nicht* aktiv sind, gehen Sie bitte wie folgt vor:

| | |
|---|---|
| F1 | Kopiert das erste Zeichen "E" |
| R | Ersetzt das falsche Zeichen "T" |
| F3 | Kopiert den Rest in die Befehlszeile |
| ↵ | Bestätigt die korrigierte Befehlszeile |

Sollte DOSKEY aktiv sein, ist alles einfacher und auch bequemer. Gehen Sie wie folgt vor:

| | |
|---|---|
| ⬆ | Holt die letzte Befehlszeile in den Editor |
| Pos 1 | Positioniert den Cursor auf das erste Zeichen |
| ➡ | Positioniert den Cursor auf das zweite Zeichen |
| R | Ersetzt das falsche Zeichen "T" |
| ⬅ | Bestätigt die korrigierte Befehlszeile |

*Suchfunktion*

Um auch das Arbeiten mit der Suchoption zu verdeutlichen, nachfolgend ein kurzes Beispiel. Geben Sie dazu bitte die folgenden vier Befehlszeilen ein:

```
CLS

DIR *.* /W/P

VERIFY ON

VOL C:
```

Wollen Sie die DIR-Befehlszeile bearbeiten, betätigen Sie die Taste d und anschließend F8. Augenblicklich erscheint die gewünschte Befehlszeile auf dem Bildschirm. Wollen Sie jedoch VERIFY oder VOL bearbeiten, betätigen Sie V und F8. Sofern nicht die gewünschte Befehlszeile erscheint, betätigen Sie einfach erneut F8, DOSKEY sucht dann die nächste zutreffende Befehlszeile im Puffer.

## Interne und externe Befehle

*Interne Befehle*

DOS unterscheidet grundsätzlich zwischen sogenannten *internen* und *externen* Befehlen. Die internen Befehle stehen permanent zur Verfügung, sie werden bereits beim Booten des Systems in den Hauptspeicher des Rechners geladen. Es handelt sich hierbei in erster Linie um weniger umfangreiche, aber dafür wesentliche Befehle wie CLS, COPY oder DIR.

*Externe Befehle*

Externe Befehle zeichnen sich dadurch aus, daß die entsprechende Befehlsdatei erst von einem Datenträger geladen werden muß, bevor der eigentliche Befehl ausgeführt werden kann. Jedes Anwendungsprogramm ist somit ein externer Befehl. Steht die Befehlsdatei nicht zur Verfügung, kann auch der Befehl nicht ausgeführt werden.

Externe Befehle können nur dann ausgeführt werden, wenn sie sich im Standardverzeichnis oder im durch PATH definierten Suchpfad befinden. Alternativ kann man vor dem eigentlichen

Befehl auch das Laufwerk und Verzeichnis angeben, in dem die Befehlsdatei gefunden werden kann.

## Interne Befehle

| | | |
|---|---|---|
| BREAK | REN/RENAME | MD/MKDIR |
| ERASE | CLS | TYPE |
| PROMPT | FOR..DO | DEL |
| CALL | SET | NOT |
| ERRORLEVEL | COPY | VER |
| RD/RMDIR | IF | DIR |
| CD/CHDIR | SHIFT | PATH |
| EXIST | CTTY | VERIFY |
| REM | LOADHIGH/LH | ECHO |
| CHCP | TIME | PAUSE |
| EXIT | DATE | VOL |

## Externe Befehle

| | | |
|---|---|---|
| APPEND | GRAPHICS | REPLACE |
| ATTRIB | HELP | RESTORE |
| CHKDSK | INTERLNK | SETVER |
| CHOICE | JOIN | SHARE |
| COMMAND | KEYB | SIZER |
| DBLSPACE | LABEL | SMARTDRV |
| DEBUG | LOADFIX | SMARTMON |
| DEFRAG | MEM | SORT |
| DELOLDOS | MEMMAKER | SUBST |
| DELTREE | MODE | SYS |
| DISKCOMP | MORE | TREE |
| DISKCOPY | MOUSE | UNDELETE |
| DOSHELP | MOVE | UNFORMAT |
| DOSKEY | MSAV | VSAFE |
| DOSSHELL | MSBACKUP | XCOPY |
| EDIT | MSCDEX | |
| EXPAND | MSD | |
| FASTOPEN | MWAV | |
| FC | NLSFUNC | |
| FDISK | POWER | |
| FIND | PRINT | |
| FORMAT | QBASIC | |

Tab. 2.4: Interne und externe Befehle des MS-DOS 6

## Die ständig verfügbare Hilfe

MS-DOS 6 verfügt über eine komfortable Hilfestellung, die erfahrenen wie weniger erfahrenen Anwendern gleichermaßen zugute kommt: Jeder MS-DOS-Befehl verfügt über eine sogenannte Hilfeseite, die man sich jederzeit auf dem Bildschirm anzeigen lassen kann. In der Hilfeseite erfahren Sie die genaue Syntax (den Aufbau) des jeweiligen Befehls, die erlaubten Parameter sowie Optionen und eine Kurzbeschreibung des Befehls.

*Option /?*

Die Hilfeseite eines beliebigen Kommando wird durch die Option /? angezeigt. Wollen Sie sich beispielsweise über die Möglichkeiten, Parameter und Optionen des ATTRIB-Befehls informieren, geben Sie folgendes ein:

```
ATTRIB /?
```

## Der Help-Befehl

DOS 6 ist um eine umfangreichere Hilfefunktion erweitert worden. Geben Sie den Befehl HELP ein, erhalten Sie eine relativ einfach strukturierte Benutzeroberfläche, in der alle DOS-Befehle alphabetisch aufgelistet sind. Hinter jedem Befehl verbirgt sich ein ausführlicher Hilfetext, der erst mal die Funktion und Aufgabe des Befehls erläutert. Anschließend werden die genaue Eingabesyntax sowie Schalter und Parameter der Funktion erklärt. Haben Sie dennoch Fragen zu einem Befehl, können Sie sich noch Beispiele einblenden lassen, die einen Befehl besser verdeutlichen sollen. Über die Cursortasten oder die ⇥-Taste erreichen Sie die einzelnen Befehlsnamen oder Optionen. Haben Sie eine Befehl markiert, drücken Sie ↵. Um sich den Hilfetext zu einen Befehl schneller suchen zu lassen, drücken Sie einfach den Anfangsbuchstaben des jeweiligen Befehls.

*Hilfeseiten drucken*

In der oberen Bildschirmzeile sehen Sie zwei Menüs, in denen Sie Befehle zum Drucken und Suchen von Hilfetextseiten finden. Beenden können Sie die Hilfefunktion über das Menü DATEI und den Befehl *Beenden*.

# Schritt 3:

# Die DOS-Shell

Bereits seit DOS 4.0 ist MS-DOS mit einer grafischen Benutzeroberfläche ausgestattet. Ihr Name: DOS-Shell. Die DOS-Shell des MS-DOS 6 ist zur Vorgängerversion MS-DOS 5 nicht verändert worden. Die DOS-Shell setzt sich nach wie vor aus Programm- und Datei-Manager zusammen, die gleichzeitig am Bildschirm zur Verfügung stehen.

*DOS-Shell erweitert und schneller*

Grafische Benutzeroberflächen haben den Vorteil, sich recht einfach bedienen zu lassen. Meistens benötigt man nur kurze Zeit, um sich einzuarbeiten. Ein wesentlicher Vorteil der zeichenorientierten Benutzeroberflächen ist jedoch die Arbeitsgeschwindigkeit, denn der Grafikmodus ist aufwendiger in der Verwaltung und Darstellung und somit langsamer als der vergleichbare Textmodus.

## Starten der DOS-Shell

Je nachdem, wie Sie DOS mit Hilfe von SETUP installiert haben, wird sie nach dem Einschalten des Rechners automatisch gestartet (in der Regel ist das nicht der Fall). Die DOS-Shell läßt sich darüber hinaus aber jederzeit durch Eingabe der folgenden Anweisung starten:

*DOS-SHELL*

DOSSHELL

Danach wird die DOS-Shell gestartet und geladen. DOS verwendet automatisch denselben Bildschirmmodus, der bei der letzten Sitzung mit der DOS-Shell auch verwendet worden ist. Wollen Sie die Arbeit mit der DOS-Shell beenden, betätigen Sie die Tastenkombination [Alt][F4]. Aus Kompatibilitätsgründen zu DOS 4.0 können Sie auch [F3] verwenden, um die DOS-Shell zu verlassen.

[Alt][F4] *oder* [F3]

## Die Bedienung der DOS-Shell

Die DOS-Shell dient dazu, die Bedienung des PCs und des DOS zu vereinfachen. Sie können grundsätzlich sowohl die Tastatur als

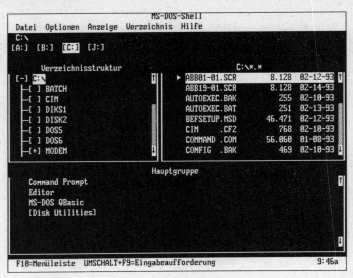

```
                          MS-DOS-Shell
  Datei  Optionen  Anzeige  Verzeichnis  Hilfe
  C:\
  [A:]  [B:]  [C:]  [J:]

          Verzeichnisstruktur                    C:\*.*
  [-] C:\                            ▶ ABB01-01.SCR    8.128  02-12-93
    ├─[ ] BATCH                        ABB19-01.SCR    8.128  02-14-93
    ├─[ ] CIM                          AUTOEXEC.BAK      255  02-10-93
    ├─[ ] DIKS1                        AUTOEXEC.BAT      251  02-13-93
    ├─[ ] DISK2                        BEFSETUP.MSD   46.471  02-12-93
    ├─[ ] DOS5                         CIM     .CF2      768  02-10-93
    ├─[ ] DOS6                         COMMAND .COM   56.060  01-08-93
    └─[+] MODEM                        CONFIG  .BAK      469  02-10-93

                          Hauptgruppe

      Command Prompt
      Editor
      MS-DOS QBasic
      [Disk Utilities]



  F10=Menüleiste  UMSCHALT+F9=Eingabeaufforderung            9:46a
```

Abb. 3.1: Der Startbildschirm der DOS-Shell

auch die Maus verwenden, um mit der DOS-Shell zu arbeiten.
Aufgaben und Möglichkeiten der DOS-Shell sind derart komplex,
daß ich nachfolgend nur auf das Wichtigste eingehen kann.

### Allgemeines

*Probleme mit Maus*

Die DOS-Shell kann sowohl mit Hilfe der Maus als auch mit der
Tastatur bedient werden. Während es unter DOS 4.0 häufig Ärger
im Zusammenhang mit der Maus gab, ist ihre Verwendung ab
DOS 5.0 denkbar einfach geworden: Installieren Sie Ihren
Maustreiber wie gewohnt, und starten Sie anschließend die DOS-
Shell. Sofern der Maustreiber sich nicht mit der DOS-Shell ver-
trägt, erscheint eine entsprechende Fehlermeldung beim Start.
Der Maustreiber wird dann ignoriert.

*Klicken und Doppelklicken*

   Wird der Mauscursor positioniert und die Maustaste einmal
betätigt, spricht man von *Klicken* oder *Anklicken*. Wird die Taste
zweimal schnell hintereinander betätigt und losgelassen, spricht
man von *Doppelklicken*. Es muß grundsätzlich zwischen dem
Text- und dem Grafikmodus der DOS-Shell unterschieden wer-

*Textmodus oder Grafikmodus?*

den. Sofern Ihr Gerät mit einer Farb-/Grafikkarte ausgestattet ist,
kann die DOS-Shell problemlos im (hochauslösenden) Grafikmo-

dus verwendet werden. Ist in Ihrem Gerät aber eine Monochrom-karte oder eine Karte des Typs Hercules oder eine entsprechend kompatible Karte eingebaut, können Sie mit der DOS-Shell lediglich im Textmodus arbeiten. Ein Umschalten zwischen den verschiedenen Betriebsmodi ist jederzeit problemlos möglich.

Welcher der beiden Modi jeweils gerade aktiv ist, erkennt man nicht zuletzt am Mauscursor: Ist der Mauscursor eckig dargestellt und bewegt sich ruckartig, ist der Textmodus aktiv. Wird die aktuelle Mausposition jedoch durch einen nach links oben gerichteten Pfeil repräsentiert, arbeitet die DOS-Shell aktuell im Grafikmodus, darüber hinaus aber auch an der etwas filigraneren Darstellung von Dialogboxen und Auswahltastem.

## Die Bildschirmaufteilung

Die DOS-Shell setzt sich aus bis zu vier Arbeitsbereichen zusammen: der Verzeichnisstruktur, der Dateiliste, der jeweils aktuellen Programmgruppe und dem Programmumschalter (von links oben nach rechts unten). Nicht alle Komponenten der DOS-Shell sind immer zu sehen. Über das Pull-Down-Menü *Anzeige* bestimmen Sie selbst, was angezeigt werden soll und was nicht.

Die Verzeichnisstruktur und die Dateiliste gehören zusammen und bilden den Datei-Manager. Die im unteren Bereich angezeigte Programmgruppe sowie die optional dargestellte Liste der aktiven Programme bilden den Programm-Manager. Auf beide gehe ich nachfolgend detailliert ein. Um zwischen den einzelnen Bereichen des Bildschirms zu wechseln, verwenden Sie die Taste ⇆. Der jederzeit sichtbare Auswahlcursor bewegt sich dabei von links oben nach rechts unten. Betätigen Sie gleichzeitig die Taste ⇧, wird der Auswahlcursor rückwärts positioniert. Sofern Sie mit der Maus arbeiten, positionieren Sie einfach den Mauscursor in den gewünschten Bereich und klicken.

*Programm- und Datei-Manager*

*Taste ⇆*

## Arbeiten mit Pull-Down-Menüs

Die einzelnen Menüpunkte eines Pull-Down-Menüs sind sowohl mit der Tastatur als auch mit der Maus leicht auszuwählen. Ein zeitweise nicht anwählbarer Menüpunkt wird abgeblendet dargestellt.

Zeigen Sie mit dem Mauscursor auf den Namen des Pull-Down-Menüs, das Sie ausklappen wollen. Betätigen Sie einmal

*Nicht anwähl-bare Menüs*

*Anwählen mit der Maus*

Schritt 3

**25**

die Maustaste. Sobald das Pull-Down-Menü ausgeklappt ist, können Sie auf jeden beliebigen Menüpunkt im Pull-Down-Menü zeigen und ihn durch einmaliges Betätigen der Maustaste auswählen. Geübte Anwender betätigen die Maustaste, um ein Pull-Down-Menü auszuklappen, halten die Maustaste gedrückt, und bewegen dann den Mauscursor sofort auf den gewünschten Menüpunkt. Sobald Sie die Maustaste loslassen, wird der betreffende Menüpunkt dann gestartet.

*Anwählen mit der Tastatur*

Wollen Sie das Anwendungsmenü aktivieren, betätigen Sie Alt und lassen Sie die Taste wieder los. Augenblicklich erscheint der erste Menüpunkt hervorgehoben. Nun können Sie mit Hilfe der Cursortasten (links und rechts) jeden beliebigen Menüpunkt auswählen. Betätigen Sie die Taste ⏎ oder eine der beiden vertikalen Cursortasten ↑ oder ↓, wird das betreffende Pull-Down-Menü ausgeklappt. Anschließend können Sie sich aller vier Cursortasten bedienen, um den gewünschten Menüpunkt zu wählen. Bestätigen Sie den Menüpunkt mit ⏎.

*Die Kurzan-wahltaste*

Betätigt man die Taste Alt zusammen mit einer beliebigen Buchstabentaste, erreicht man dadurch eine Kurzanwahlfunktion. Wenn Sie die Pull-Down-Menüs betrachten, erkennen Sie jeweils einen unterstrichenen Buchstaben (meistens der erste Buchstabe), die Kurzanwahltaste. Betätigt man die entsprechende Taste zusammen mit Alt, erreicht man unmittelbar den betreffenden Menüpunkt.

## Arbeiten mit Dialogboxen

*Dialogboxen* erscheinen immer dann auf dem Bildschirm, wenn Eingaben erforderlich werden, Parameter und Optionen eingestellt werden müssen oder wichtige Meldungen zu übermitteln sind. Meistens erscheint eine Dialogbox (Dialogfenster) jedoch auf dem Bildschirm, nachdem ein Menüpunkt in einem Pull-Down-Menü ausgewählt wurde und für die weitere Verarbeitung zusätzliche Informationen notwendig sind. Im Pull-Down-Menü werden Dialogboxen bereits durch drei Punkte (...) hinter dem Menüpunkt angekündigt.

*Das Bewegen in der Dialogbox*

Wenn die Dialogbox erscheint, befindet sich der Auswahlcursor im ersten Dialogfeld des Fensters. Von nun an können Sie mit der Tastatur oder der Maus die einzelnen Datenfelder des Dialogfensters bearbeiten. Besonders einfach ist natürlich der Einsatz der Maus, da jedes Dialogfeld und hier jede Option wahlfrei angewählt werden kann. Arbeiten Sie nur mit der Tastatur, kann man sich leider nur sequentiell durch die einzelnen Möglichkeiten durcharbeiten. Verwenden Sie dazu die Taste ⟨⇆⟩. Betätigen Sie ⟨⏎⟩, wird die gerade ausgewählte oder hervorgehoben dargestellte Standard-Befehlstaste ausgeführt, in der Regel ist dies *OK*. Abbrechen können Sie ein Fenster durch ⟨Esc⟩ oder durch Auswählen von *Abbrechen*.

*Dialogbox bestätigen oder abbrechen*

# Der Datei-Manager

Der Datei-Manager ist ein wesentlicher Bestandteil der DOS-Shell. Hier haben Sie die Möglichkeit, Dateien zu löschen, zu kopieren, zu verschieben, anzusehen, Verzeichnisse anzulegen oder den Datenträger aufzuräumen. Kurz und knapp: Sie können damit Ihre Datenträger verwalten, ohne DOS-Befehle über die Befehlsoberfläche eingegeben zu müssen.

Der Bildschirm wird vertikal unterteilt. Auf der linken Seite wird die Verzeichnisstruktur des gewählten Laufwerks angezeigt, auf der rechten Seite finden Sie eine Liste von Dateinamen. Zu jedem Dateinamen wird auch die Dateigröße sowie das Erstellungsdatum angezeigt. Sofern Sie die Shell im Grafikmodus betreiben, erscheint vor jedem Dateinamen noch ein sogenanntes Icon. Anhand des Icon können Sie ausführbare Programmdateien (mit den Dateikennungen .EXE, .COM oder .BAT) und Datendateien unterscheiden.

*Vertikale Unterteilung*

## Aufbau des Datei-Managers

Es gibt insgesamt drei Auswahlbereiche im Datei-Manager. Jeweils einer dieser Auswahlbereiche kann aktiv sein. Die Taste ⟨⇆⟩ dient zum Wechseln des Auswahlbereiches. Durch Hervorhebungen ist gut zu erkennen, welcher Auswahlbereich gerade aktiv ist.

*Drei Auswahlbereiche*

Der erste Auswahlbereich dient der Bestimmung des zu bearbeitenden Laufwerks. Wenn der Auswahlcursor sich in diesem Bereich befindet, können Sie mit Hilfe der Cursortasten ein Laufwerk auswählen.

*Laufwerk*

Der zweite Auswahlbereich ist die linke Hälfte des Bildschirms, die Verzeichnisstruktur des ausgewählten Laufwerkes. Hier können Sie jedes beliebige Verzeichnis auswählen. Das jeweils aktuelle Verzeichnis (auch Standardverzeichnis genannt) ist durch eine Hervorhebung des Verzeichnisnamens markiert. Innerhalb der Verzeichnisstruktur können Sie mit Hilfe der Cursortasten ein

*Verzeichnisstruktur und ...*

beliebiges Verzeichnis auswählen, in der rechten Bildschirmhälfte werden die darin enthaltenen Dateien angezeigt. Betätigen Sie eine Buchstabentaste, wird das nächste Verzeichnis ausgewählt, das mit diesem Buchstaben beginnt.

*... Dateiliste*

Die rechte Bildschirmhälfte ist zugleich der letzte Auswahlbereich: die Dateiliste. Hier werden die Dateinamen des aktuellen Verzeichnisses angezeigt. Hier können Sie Dateien auswählen, Programme starten, Datei-Inhalte betrachten und vieles andere mehr. Auf die Ihnen zur Verfügung stehenden Möglichkeiten gehe ich weiter unten noch detailliert ein.

## Dateien selektieren

Das Kopieren, Verschieben und Löschen einzelner Dateien oder Dateigruppen ist bequem und einfach. Doch vor der eigentlichen Aktion müssen die betreffenden Dateien selektiert, sprich: ausgewählt werden.

*Dateien bearbeiten*

Wenn Sie mit Dateien arbeiten, können Sie grundsätzlich eine oder aber auch mehrere Dateien gleichzeitig bearbeiten. Es werden vom Datei-Manager generell die markierten Dateien bearbeitet. Sofern Sie in einem Verzeichnisfenster den Auswahlcursor bewegen oder eine Datei mit der Maus auswählen, wird immer nur eine Datei markiert sein - und die wird dann auch bearbeitet, sobald der entsprechende Menüpunkt angewählt wird.

*Mehrere Dateien markieren*

Markieren Sie die erste Datei durch den Auswahlcursor. Anschließend müssen Sie zwischen Maus und Tastatur unterscheiden. Beachten Sie dabei bitte, daß Sie zwar in jedem Verzeichnisfenster beliebig viele Dateien markieren können, daß aber jeweils nur die markierten Dateien aus *einem* Verzeichnisfenster bearbeitet werden, so lange Sie nicht die Option *Aus mehreren Verzeichnissen auswählen* im Pull-Down-Menü *Optionen* angewählt haben.

*Markieren mit Maus*

Betätigen Sie die Taste Strg, und halten Sie die Taste gedrückt. Anschließend wählen Sie mit der Maus alle Dateien aus, die Sie markieren wollen. Alle einmal mit der Maus ausgewählten Dateien werden markiert, durch nochmaliges Anwählen wird die Markierung wieder aufgehoben. Während der ganzen Zeit muß die Taste Strg gedrückt bleiben.

*Markieren mit Tastatur*

Betätigen Sie die Tastenkombination ⇧ F8. In der Statuszeile erscheint die Meldung "ERWEIT". Sie können den Cursor nun frei bewegen, ohne daß die betreffenden Dateien sofort markiert würden. Durch die ⬚ markieren Sie eine Datei oder heben die

Markierung auch wieder auf. Mittels erneutem ⇧ F8 können Sie den Markierungsmodus beenden, um mit den markierten Dateien zu arbeiten.

*Eine Dateigruppe markieren*

Markieren Sie die erste Datei der Dateigruppe. Eine Dateigruppe sind beliebig viele im Dateifenster unmittelbar aufeinanderfolgende Dateinamen. Nachdem Sie die erste Datei markiert haben, betätigen Sie die Taste ⇧ und markieren die letzte Datei. Augenblicklich werden alle Dateien zwischen der ersten und der letzten markierten Datei ausgewählt. Arbeiten Sie mit der Tastatur, benutzen Sie die Cursortasten zusammen mit ⇧.

*Dateien bearbeiten*

Nach der Markierung der gewünschten Dateien können diese bearbeitet werden. Dazu wählen Sie in der Regel im Pull-Down-Menü *Datei* den entsprechenden Menüpunkt aus. Sofern Sie Dateien kopieren oder verschieben wollen, verwenden Sie die Maus: Klicken Sie die markierten Dateien an, halten Sie die Maustaste gedrückt, und bewegen Sie den Mauscursor auf das Ziel. In der Statuszeile erscheint jeweils, ob der Datei-Manager aktuell kopieren oder verschieben würde. Betätigen Sie gleichzeitig Strg zum expliziten Kopieren und Alt zum expliziten Verschieben der markierten Dateien.

# Der Programm-Manager

Die DOS-Shell besteht neben dem Datei-Manager auch aus dem Programm-Manager. Mit seiner Hilfe lassen sich beliebig viele Programmgruppen verwalten, Anwendungen starten und vieles andere mehr, ohne dafür die Befehlsoberfläche des DOS oder den Datei-Manager bemühen zu müssen.

*Programmgruppen und Menüpunkte*

Der Programm-Manager unterscheidet im wesentlichen *Programmgruppen* und *Programmpunkte*. In einer Programmgruppe sind beliebig viele Menüpunkte enthalten, die einem bestimmten Aufgabenbereich zugeordnet werden können. So befinden sich beispielsweise in der Programmgruppe *Dienstprogramme*, über die die DOS-Shell automatisch verfügt, zahlreiche Möglichkeiten zur Bearbeitung eines Datenträgers. Hinter einem Menüpunkt verbergen sich beliebig viele DOS-Anweisungen oder aber eine Anwendung, die gestartet wird, sobald der entsprechende Menüpunkt ausgewählt werden sollte.

Programmgruppen erscheinen im Textmodus in eckigen Klammern, im Grafikmodus können Programmgruppen und Programmpunkte anhand der vor den Menüpunkten angeordneten Sinnbildern unterschieden werden.

### Einrichten Programmgruppe/Programmpunkt

Das Pull-Down-Menü *Datei* hält einen wichtigen Menüpunkt bereit, um neue Menügruppen und Menüpunkte einzurichten: *Neu*. Wollen Sie eine neue Menügruppe definieren, wählen Sie diesen Menüpunkt aus. Stellen Sie aber vorher sicher, daß die Programmgruppe aktiv ist, in der Sie die neue Programmgruppe einrichten wollen. Dasselbe gilt für das Einrichten eines neuen Menüpunktes.

Auf dem Bildschirm erscheint zunächst eine Dialogbox, in der Sie entscheiden können, ob Sie einen neuen Programmpunkt oder eine neue Programmgruppe einrichten wollen. Entscheiden Sie sich entsprechend, und bestätigen Sie die Dialogbox. Anschließend erscheint eine Dialogbox, in der Sie die für die Menügruppe oder den Menüpunkt relevanten Informationen eintragen können.

Hier geben Sie den Namen der Menügruppe bzw. des Menüpunktes, das optionale Kennwort, einen optionalen Hilfetext und bei Menüpunkten den optionalen Namen der Anwendung an, die bei Anwählen des Menüpunktes gestartet werden soll.

### Abkürzungstaste für Programm

*Short Cut*  Sie können einer Anwendung eine beliebige Tastenkombination zuordnen. Mit Hilfe dieser Tastenkombination haben Sie dann jederzeit Zugriff auf die Anwendung, sollte sie über den Task-Switcher parallel zu anderen Anwendungen gestartet werden.

Starten Sie beispielsweise die Textverarbeitung WORD neben anderen Anwendungen, könnten Sie WORD etwa durch die Tastenkombination [Alt][W] jederzeit erreichen, sofern der Anwendung die entsprechende Tastenkombination zugeteilt worden ist.

Die Abkürzungstasten verstehen sich immer als Tastenkombinationen. Verwenden Sie [⇧], [Strg] oder [Alt] zusammen mit einer Buchstaben- oder Zifferntaste. Einige Kombinationen sind allerdings reserviert, sie können *nicht* verwendet werden:

---

**Tastenkombination**

---

| | |
|---|---|
| [Strg][C] | [⇧][Strg][C] |
| [Strg][M] | [⇧][Strg][M] |
| [Strg][I] | [⇧][Strg][I] |

Strg H    ⇧ Strg H
Strg <[>    ⇧ Strg <[>
Strg 5    ⇧ Strg 5

Tab. 3.1: Nicht zulässige Tastenkombinationen

Betätigen Sie die entsprechende Tastenkombination, wenn sich der Eingabecursor während des Einrichtens eines neuen Menüpunktes in der entsprechenden Eingabezeile der ersten Dialogbox befindet. Die Bezeichnung der Tastenkombination erscheint automatisch.

## Hilfe-Text

In der zweiten Dialogbox können Sie einen optionalen, aus bis zu 256 Zeichen bestehenden Hilfetext eingeben. Der Text erscheint später, wenn die Taste F1 gedrückt wird, während der Auswahlcursor auf dieser Menügruppe steht. Der Hilfetext erscheint wie eingegeben. Die DOS-Shell übernimmt automatisch den Zeilenumbruch bei der Darstellung des Textes, so daß er in die Hilfebox paßt. Sie können allerdings durch "^M" einen Zeilenumbruch erzwingen.

*Hilfe*

## Besonderheiten in der Befehlszeile

Um das Arbeiten mit Menüpunkten und Anwendungen möglichst komfortabel zu gestalten, können nicht nur mehrere DOS-Befehle in einer Befehlszeile definiert, sondern darüber hinaus auch Parameter und Optionen erfragt werden.

Wollen Sie nach der Auswahl eines Programmpunktes mehrere DOS-Befehle ausführen, so müssen Sie dazu keine eigene Batchdatei einrichten. Sie haben nämlich die Möglichkeit, bereits in der Befehlszeile der DOS-Shell alle erforderlichen DOS-Befehle zu definieren, jeweils durch ein Semikolon voneinander getrennt. Ein Beispiel:

*Mehrere Befehle*

*Semikolon*

```
CLS; DIR *.EXE /P; PAUSE
```

Sofern Sie in der Befehlsdatei Batchdateien aufrufen wollen, verbinden Sie diesen Aufruf mit dem CALL-Befehl. Denn nur dadurch wird sichergestellt, daß die dem Aufruf der Batchdatei

*Aufruf von Batchdateien*

folgenden Befehle der Befehlszeile auch noch ausgeführt werden. Ein Beispiel:

*CALL*

```
CALL VORHER; C:\WORD\WORD /L ; CALL NACHHER
```

### Parameter in der Befehlszeile

*Parameter*

Ohne Parameter ist eine Befehlszeile nicht flexibel. Sie hat stets denselben Zweck und führt immer zu identischen Ergebnissen. Das muß nicht schlimm sein: Wollen Sie beispielsweise den Bildschirm löschen und anschließend alle mit einem gesetzten Archivflag versehenen Dateien des Verzeichnisses \TEXTE auf Diskette kopieren, verwenden Sie folgende Anweisung:

```
CLS; XCOPY \TEXTE\*.* /M A:
```

*Flexibel*

Es kann aber Situationen geben, da sollte die Befehlszeile flexibler sein, etwa wenn Sie den Editor oder eine Textverarbeitung starten. Rufen Sie beispielsweise den Menüpunkt Editor der Hauptgruppe auf, erscheint eine Dialogbox auf dem Bildschirm, in der Sie den Dateinamen der zu bearbeitenden Datei eingeben können. Dieser Dateiname, der erst definiert wird, *nachdem* der Programmpunkt ausgewählt worden ist, wird dann an den Editor übergeben. Erreicht wird das durch eine Befehlszeile wie die folgende:

```
EDIT %1
```

*Neun Parameter*
*%1 bis %9*

Die DOS-Shell kennt bis zu neun Parameter, die innerhalb eines Programmpunktes Gültigkeit haben und beliebig oft verwendet werden können - vergleichbar mit den neun Parametern in einer Batchdatei. Da die Parameter nicht bei der Auswahl des Programmpunktes übergeben werden, wie etwa beim Aufruf einer Batchdatei, müssen sie nach Auswahl des Programmpunktes durch den Anwender eingegeben werden. Dazu erscheint für jeden benötigten Parameter eine Dialogbox auf dem Bildschirm.

### Kennwortschutz

*Zugriffsschutz*

Sie haben die Möglichkeit, für jeden Programmpunkt und für jede Programmgruppe ein aus bis zu 20 Zeichen bestehendes Kennwort (einschließlich Leerzeichen) zu definieren. Durch dieses Kennwort wird die Programmgruppe oder der Programmpunkt geschützt. Nur wenn das Kennwort richtig angegeben wird, gibt die DOS-Shell den Zugriff frei. Das gilt für das Anwählen der Programmgruppe ebenso wie für etwaige Veränderung, etwa durch den Menüpunkt *Eigenschaften.*

# Der Task-Switcher

Eine der wichtigsten Neuerungen der DOS-Shell ist fraglos der *Task-Switcher.* Mit Hilfe des Task-Switchers werden Sie in die Lage versetzt, beliebig zwischen mehreren parallel laufenden DOS-Anwendungen zu wechseln.

*Programm-umschalter*

Die DOS-Anwendungen laufen nicht *simultan,* sondern lediglich parallel. Nur jeweils eine Anwendung, nämlich die, die sich gerade im Vordergrund befindet, hat Zugriff auf die Ressourcen des Rechners, also etwa auf die Tastatur, den Bildschirm oder die Speichermedien. Nur die im Vordergrund befindliche Anwendung läuft, alle anderen werden eingefroren. Sie haben aber dank des Task-Switchers die Möglichkeit, beliebig zwischen den Anwendungen zu wechseln, etwa um Daten auszutauschen.

## Aktivieren des Task-Switchers

Der Task-Switcher ist normalerweise nicht aktiv. Wählen Sie im Pull-Down-Menü *Optionen* den Menüpunkt *Programmumschaltung aktivieren* aus. Danach erscheint ein entsprechendes Fenster in der rechten unteren Ecke des Bildschirms. In diesem Fenster werden die jeweils aktuell parallel laufenden DOS-Anwendungen verwaltet und mit Namen angezeigt. Wählen Sie denselben Menüpunkt erneut an, verschwindet das Fenster, und die Programmumschaltung wird abgeschaltet.

## Starten einer Anwendung

Zum Start einer DOS-Anwendung können Sie den Datei-Manager ebenso verwenden wie den Programm-Manager. Eine DOS-Anwendung, die von der DOS-Shell aus gestartet wird, wird automatisch in die Liste der aktiven Programme aufgenommen. Betätigen Sie bei der Auswahl einer Anwendung gleichzeitig die Taste ⇧ wird die Anwendung in die Liste der aktiven Anwendungen aufgenommen, *ohne* dabei die Anwendung sofort zu starten.

*Anwendung starten*

Da MS-DOS für jede parallel laufende Anwendung eine temporäre Datei auf der Festplatte einrichten muß, die je nach Umfang der Anwendung bis zu einem MByte Umfang haben kann, ist die Anzahl der maximal parallel laufenden DOS-Anwendungen durch den auf der Festplatte verfügbaren Speicherplatz beschränkt.

Wird ein und dieselbe Anwendung mehrfach gestartet, markiert die DOS-Shell diese durch Punkte. Die erste Anwendung verfügt über keinen Punkt, die zweite über einen Punkt etc. Das sieht dann wie folgt aus:

```
DBASE..

WORD

DBASE.

DBASE
```

### Auswählen einer aktiven Anwendung

Ist die Programmumschaltung aktiv, können Sie mit Hilfe der Tastatur oder der Maus eine aktive Anwendung auswählen. Durch ⏎ oder durch Doppelklick wird die betreffende Anwendung ausgewählt und gestartet. Der aktuelle Bildschirminhalt der Anwendung erscheint. Wird eine Anwendung beendet, wird die Kontrolle automatisch wieder an die DOS-Shell übergeben. Überdies wird die Anwendung aus der Liste der aktiven Anwendungen entfernt. Nur wenn keine Anwendung mehr in der Liste geführt wird, kann die DOS-Shell verlassen werden.

### DOS-Shell rufen

Ein Wechsel zwischen den verschiedenen, parallel laufenden Anwendungen ist auf verschiedene Arten möglich: Entweder Sie wechseln durch Strg Esc in die DOS-Shell und kontrollieren von hier aus, welche Anwendung als nächstes ausgewählt wird. Oder Sie betätigen Alt ⇆ , bis der Name der gewünschten Anwendung im oberen Bildschirmbereich erscheint, und lassen die Taste Alt dann los. Oder Sie betätigen mehrfach die Tastenkombination Alt Esc.

# Schritt 4:

# Formatieren

*Disketten und auch Festplatten müssen - von wenigen Ausnahmen einmal abgesehen - formatiert werden, bevor sie unter MS-DOS verwendet werden können. Einige Hersteller bieten allerdings bereits formatierte Disketten an.*

Zur Formatierung wird der FORMAT-Befehl verwendet. Bei der Formatierung wird der Datenträger in *Spuren* und *Sektoren* aufgeteilt. Die Anzahl der bei der Formatierung eingerichteten Spuren und Sektoren ist von der Speicherkapazität des jeweiligen Speichermediums abhängig.

*FORMAT*

Bei der Formatierung gehen normalerweise alle auf einem Datenträger befindlichen Informationen unwiederbringlich verloren. MS-DOS 6 verfügt jedoch über Hilfsmittel, die unter bestimmten Voraussetzungen das Rückgängigmachen einer Formatierung gestatten - siehe hierzu auch Schritt 11.

Mit Hilfe von FORMAT können Datenträger verschiedener Kapazität formatiert werden. Neben den verschiedenen Diskettengrößen (3,5 und 5,25 Zoll) unterscheidet man darüber hinaus auch verschiedene Formate, die sich im wesentlichen durch ihre Speicherkapazität unterscheiden. Ein entsprechendes Diskettenlaufwerk und Qualität der verwendeten Disketten müssen an dieser Stelle vorausgesetzt werden.

*Speicherkapazität*

```
FORMAT Lfwk: [/1][/4][/8][/B][/S][/Q][/U] [/F:Format][/
N:xx /T:yy][/V[:Name]]
```

| Option | Wirkung |
|--------|---------|
| *Lfwk* | Definiert das Laufwerk, das formatiert werden soll. |
| /1 | Die Diskette wird einseitig. |
| /4 | Die Diskette wird doppelseitig mit neun Sektoren formatiert (360 KByte). |
| /8 | Es werden zwar 9 Sektoren pro Spur formatiert, DOS benutzt jedoch nur die ersten acht Sektoren. |
| /B | Kopiert die beiden versteckten Systemdateien auf den frisch formatierten Datenträger. |

| /F:*Format* | Definiert die Speicherkapazität des zu formatierenden Datenträgers in KByte oder MByte. |
|---|---|
| /N:*Sekt* | Definiert die Anzahl der Sektoren, die formatiert werden sollen. Möglich sind die Werte 8 oder 9. Nur in Verbindung mit /T verwenden. |
| /Q | Führt eine Reformatierung mittels QuickFormat durch, was den Formatierungsprozeß beschleunigt und zudem das spätere Widerrufen der Formatierung ermöglicht. |
| /S | Kopiert die beiden versteckten Systemdateien sowie COMMAND.COM auf den Datenträger und macht ihn dadurch bootfähig. |
| /T:*Spuren* | Definiert die Anzahl der Spuren, die formatiert werden sollen. Möglich sind die Werte 40 oder 80. Nur in Verbindung mit /N verwenden. |
| /U | Führt explizit die normale, unwiderrufliche Formatierung des Datenträgers durch. Alle eventuell gespeicherten Informationen gehen dadurch verloren. |
| /V[:*Name*] | Die Diskette erhält nach dem Formatieren einen Datenträgernamen (Volume Label). |

Tab. 4.1: Befehlssyntax und Optionen des FORMAT-Befehls

Die Speicherkapazität einer Diskette ist von der Anzahl an Spuren und Sektoren abhängig, die formatiert werden können. Und diese werden wiederum durch die Speicherdichte bestimmt, die auf einer Diskette maximal erreicht werden kann. Im wesentlichen unterscheidet man Disketten mit doppelter Schreibdichte (Double Density) und hoher Schreibdichte (High Density). Auf einer Diskette mit hoher Schreibdichte finden auf demselben Raum mehr Informationen Platz. In der Tabelle 4.2 sind die verschiedenen von MS-DOS 6 unterstützten Diskettenformate aufgeführt.

| Diskettentyp | Laufwerk | Spuren | Sektoren | tpi |
|---|---|---|---|---|
| 5¼" 1S/DD | 160 KByte | 40 | 8 | 48 |
| 5¼" 1S/DD | 180 KByte | 40 | 9 | 48 |
| 5¼" 2S/DD | 320 KByte | 40 | 8 | 48 |
| 5¼" 2S/DD | 360 KByte | 40 | 9 | 48 |
| 5¼" 2S/HD | 1.2 MByte | 80 | 15 | 96 |

| | | | | |
|---|---|---|---|---|
| 3½" 2S/DD | 720 KByte | 80 | 9 | 135 |
| 3½" 2S/HD | 1.44 MByte | 80 | 18 | 135 |
| 3½" 2S/HD | 2.88 MByte | 80 | 36 | 135 |

Tab 4.2: Die von MS-DOS 6 unterstützten Formate

Bei der Formatierung eines Laufwerks wählt FORMAT automatisch das zu verwendende Format, sofern bei der Befehlseingabe keine diesbezügliche Option angegeben worden ist. Das von FORMAT dabei automatisch gewählte Format ist vom verwendeten Diskettenlaufwerk abhängig; sollten Sie allerdings mit der Option /Q formatieren, wird automatisch das bereits vorhandene Format des Datenträgers verwendet.

*Automatisch maximale Speicherkapazität*

Die maximale Speicherkapazität ist vom verwendeten Laufwerk abhängig: Auf einem AT mit 5,25-Zoll-Laufwerk wird das 1,2-MByte-Format verwendet. Ist in einem PC ein 360-KByte-Diskettenlaufwerk installiert, wird eine einliegende Diskette entsprechend mit 360 KByte formatiert. Entsprechendes gilt für die 3,5-Zoll-Diskettenlaufwerke: Hier wird zwischen Laufwerken mit 720 KByte, 1,44 MByte und jetzt 2,88 MByte unterschieden.

Sollten Sie keine Optionen angeben, wird das zu verwendende Format durch FORMAT selbst bestimmt. Geben Sie dazu ein:

```
FORMAT A:
```

*Format bestimmen*

Soll jedoch nicht das maximale Speicherformat verwendet werden, beispielsweise, weil die Diskette an jemanden weitergegeben werden soll, der dieses Format nicht verarbeiten kann oder weil die eingesetzte Diskette nicht die dafür notwendige Güte aufweist, so sind dazu entsprechende Optionen zu definieren. Auf einem 1,2-MByte-Diskettenlaufwerk verwenden Sie die Option /4, um eine Diskette mit 360 KByte zu formatieren:

```
FORMAT A: /4
```

Komfortabler ist es allerdings, die gewünschte Speicherkapazität der Zieldiskette unabhängig vom verwendeten Laufwerkstyp einfach durch die Option /F in KByte oder MByte zu definieren. Eine 720-KByte-Diskette formatieren Sie dann durch:

```
FORMAT A: /F:720
```

Insgesamt stehen Ihnen unter MS-DOS 6 acht unterschiedliche Formate zur Verfügung, die Sie mit Hilfe der Option /F formatieren können.

| Speicherkapazität | Nötige Option |
|---|---|
| 160 KByte | /F:160 |
| 180 KByte | /F:180 |
| 320 KByte | /F:320 |
| 360 KByte | /F:360 |
| 720 KByte | /F:720 |
| 1,2 MByte | /F:1200 |
| 1,44 MByte | /F:1440 |
| 2,88 MByte | /F:2880 |

Tab 4.3: Die durch den Parameter /F unterstützten Formate

*QuickFormat*

Schon unter MS-DOS 5 bekannt ist QuickFormat - die schnelle und sichere Möglichkeit, eine Diskette oder Festplatte zu formatieren. Ist ein Datenträger bereits formatiert, kann er durch Quick-Format in nur wenigen Sekunden reformatiert werden. Dazu werden in erster Linie die Verwaltungsbereiche des Datenträgers erneuert. Ein bereits formatierter Datenträger wird automatisch durch QuickFormat formatiert, solange nichts anderes erforderlich ist, etwa weil eine der Optionen /F, /N oder /T angegeben worden ist.

*Festplatten*

Festplatten werden auch mit Hilfe von FORMAT formatiert. Dazu ist allerdings erst eine Sicherheitsabfrage zu bestätigen. Auch das Formatieren einer Festplatte kann durch UNFORMAT rückgängig gemacht werden. Näheres zu UNFORMAT finden Sie in Schritt 11.

# Schritt 5:

# Systembefehle

MS-DOS stellt verschiedene Befehle zur Verfügung, mit deren Hilfe nicht Datenträger und Dateien verwaltet werden, sondern das System selbst. Ein wichtiger Bestandteil des Systems ist beispielsweise der interne Kalender und die Systemzeit, aber auch der zum Auffinden von Befehlsdateien so wichtige Suchpfad.

## Kalender und Uhr

Sollte Ihr Rechner nicht mit einer batteriegepufferten Uhr ausgestattet sein, werden Sie nach dem Einschalten des Geräts in der Regel zur Eingabe des aktuellen Datums und der genauen Zeit aufgefordert. MS-DOS benötigt diese Daten, da jede Datei, die erstellt oder verändert wird, mit einem sogenannten *Zeitstempel* versehen wird. Anhand dieses Stempels läßt sich jederzeit nachvollziehen, wann eine Datei zuletzt verändert wurde.

*Interner Kalender, Systemzeit und Zeitstempel*

Mit Hilfe des DATE-Befehls haben Sie die Möglichkeit, das aktuelle Systemdatum abzufragen und bei Bedarf auch zu korrigieren:

*DATE*

```
DATE

Gegenwärtiges Datum: Di, 07.05.1991

Neues Datum (TT.MM.JJ): _
```

Wollen Sie nur das Datum abfragen, aber nicht korrigieren, bestätigen Sie es einfach durch ⏎. Wenn Sie ein neues Datum eingeben wollen, beachten Sie bitte das in Klammern angegebene Eingabeformat. Ist in der CONFIG-Datei nicht der Landescode 049 für Deutschland definiert worden, so wird nicht das deutsche, sondern das amerikanische Datumsformat verwendet. Ungültige Angaben werden in jedem Fall durch die Meldung *Unzulässige Datumsangabe* abgewiesen.

Natürlich können Sie auch die Systemuhr abfragen und setzen, dazu verwenden Sie den TIME-Befehl:

*TIME*

```
C:\>TIME
```

```
Gegenwärtige Uhrzeit: 21:22:12.76

Neue Uhrzeit: 21:23
```

Sie haben die Möglichkeit, die Anzeige einfach durch ⏎ zu bestätigen oder eine neue Systemzeit zu definieren. Sobald Sie ⏎
bestätigen, wird die neue Uhrzeit gesetzt. Die Sekunden können,
müssen aber nicht mit angegeben werden.

 Wenn Sie explizit das Systemdatum oder die Systemzeit verändern wollen, so können Sie die entsprechenden Angaben auch
direkt in der Befehlszeile machen. Sie ersparen sich dann die Abfrage durch das System. Hier zwei Beispiele:

```
DATE 8.6.1990
TIME 12:31
```

*Abfrage ohne*
*Bestätigung*

Soll die Systemzeit oder der interne Kalender abgefragt, aber nicht
extra durch ⏎ bestätigt werden, etwa in einer Batchdatei, verwenden Sie die folgenden beiden Anweisungen:

```
ECHO .|DATE
ECHO .|TIME
```

## Das Löschen des Bildschirms

*CLS*

Sie haben jederzeit die Möglichkeit, den Bildschirm zu löschen.
Hierzu verwenden Sie den CLS-Befehl. Der Cursor erscheint in der
linken oberen Ecke. Es werden die zuvor durch einen PROMPT-
Befehl oder ein Anwendungsprogramm definierten Standardfar-
ben verwendet.

```
CLS
```

## Welche Version wird eingesetzt?

Mit Hilfe des VER-Befehls können Sie erfragen, mit welcher Version von MS-DOS Sie arbeiten. Das ist natürlich solange nicht
sinnvoll, wie Sie nur an einem Gerät arbeiten. Wenn Sie jedoch an
einem fremden Gerät arbeiten, können Sie mit Hilfe von VER feststellen, welche Betriebssystem-Version installiert ist. Sie wissen

dann auch, welche Kommandos Ihnen zur Verfügung stehen und welche nicht.

```
VER

MS-DOS Version 6.0
```

# Der Suchpfad des MS-DOS

Wenn MS-DOS einen Befehl ausführen soll, wrd im aktuellen Standardverzeichnis nach der entsprechenden Befehlsdatei gesucht, sofern nicht explizit ein Verzeichnis angegeben worden ist. Dasselbe gilt für Datendateien. Durch einen sogenannten Suchpfad kann man MS-DOS anweisen, nach erfolgloser Suche im aktuellen Standardverzeichnis eine fest definierte Liste von Verzeichnissen, eben den Suchpfad, nach der jeweiligen Befehls- oder Datendatei zu durchsuchen.

### Der Suchpfad für Befehlsdateien

Mit Hilfe des PATH-Befehls wird der Suchpfad für Befehlsdatei-en definiert. Konnte eine Befehlsdatei nicht im aktuellen Standardverzeichnis gefunden werden, durchsucht MS-DOS jedes durch PATH definierte Verzeichnis nach der betreffenden Befehlsdatei mit einer der drei Kennungen .COM, .EXE oder .BAT (in dieser Reihenfolge). Die einzelnen Verzeichnisse sind durch ein Semikolon voneinander zu trennen. MS-DOS hält die bei der Definition verwendete Reihenfolge ein.

*PATH*

*Befehlsdateien .COM, .EXE und .BAT*

```
PATH C:\DOS;D:\WORD;C:\BATCHES;C:\123
```

### Der Suchpfad für Datendateien

Wird eine Datendatei geöffnet, sucht MS-DOS ebenfalls im Standardverzeichnis, sofern kein explizites Verzeichnis angegeben wurde. Durch den APPEND-Befehl kann man einen Suchpfad für Datendateien definieren. MS-DOS durchsucht die hier definierten Verzeichnisse wie bei Befehlsdateien, falls eine zum Lesen zu öffnende Datendatei nicht im aktuellen Standardverzeichnis gefunden werden kann.

*APPEND*

```
APPEND C:\DOS;C:\DATEN;D:\TEXTE
```

Wollen Sie den aktuellen Suchpfad erfahren, geben Sie einfach
APPEND ohne Parameter ein. Darüber hinaus verfügt APPEND
über einige Optionen.

| Option | Wirkung |
|---|---|
| /X:[ON\|OFF | Der definierte Suchpfad wird *zusätzlich* als Suchpfad für Befehlsdateien verwendet, wenn ON definiert wurde. Default ist OFF. |
| /PATH:[ON\|OFF] | Der Suchpfad wird nicht durchsucht, wenn mit dem Dateinamen explizit ein Verzeichnis oder Laufwerk definiert wurde (OFF). Default ist ON. |
| /E | Der definierte Suchpfad wird zusätzlich im Environment (SET-Befehl) verwaltet. Nur beim ersten Aufruf verwenden. |

Tab. 5.1: Die Optionen des APPEND-Befehls

## Das Systemprompt

*PROMPT*

Das Standard-Systemprompt informiert den Anwender darüber,
welches Verzeichnis zur Zeit das aktuelle Standardverzeichnis ist.
Mit Hilfe des PROMPT-Befehls haben Sie die Möglichkeit, ein in-
dividuelles Systemprompt zu definieren, das mehr Informationen
enthält. Soll beispielsweise stets das aktuelle Datum sowie die
Systemzeit neben dem Standardverzeichnis auf dem Bildschirm
erscheinen, geben Sie ein:

```
PROMPT.Es ist $D, $T$H$H$H$_$P$G

Es ist Fr, 18.06.1991, 22.58.23

C:\DOS>_
```

Das Ergebnis sehen Sie! Sie können neben beliebigen Zeichenketten verschiedene Steuersequenzen verwenden, die durch ein
Dollar-Zeichen eingeleitet werden. Während der Darstellung ersetzt MS-DOS diese dann durch die jeweils aktuellen Werte.

| Code | Bedeutung |
|------|-----------|
| $B | Pipesymbol (\|) |
| $D | Aktuelles Tagesdatum |
| $E | Escapezeichen (01bh) |
| $G | Größer-als-Zeichen (>) |
| $H | Löscht das links vom Cursor befindliche Zeichen |
| $I | Kleiner-als-Zeichen (<) |
| $N | Aktuelles Laufwerk |
| $P | Aktuelles Verzeichnis |
| $Q | Gleichheitszeichen (=) |
| $T | Aktuelle Systemzeit (Format: hh.mm.ss.tt) |
| $V | MS-DOS-Versionsnummer |
| $_ | CR/LF; Zeilenschaltung (neue Zeile) |
| $$ | Dollarzeichen ($) |

Tab. 5.2: Die Steuerzeichen des PROMPT-Befehls

Sollten Sie einen etwas längeren Systemprompt definieren, der durch MS-DOS aufgrund seines Umfangs nicht mehr im Umgebungsspeicher verwaltet werden kann, erscheint folgende Meldung:

```
Kein Speicherplatz mehr im Umgebungsspeicher
```

Der Umgebungsspeicher muß in diesem Fall erweitert werden. In Schritt 20 wird erläutert, wie Sie beim Booten mehr Umgebungsspeicher einrichten können.

## Der Umgebungsspeicher

DOS und einige Anwendungsprogramme verwalten einige Variablen im DOS-Umgebungsspeicher. Auf diesen Speicher können Sie mit Hilfe von SET zugreifen. Geben Sie SET ohne Parameter ein, wird der aktuelle Inhalt der Umgebung ausgegeben:

*SET*

```
C:\DOS>SET

COMSPEC=C:\DOS\COMMAND.COM

PROMPT=$P$G

PATH=C:\DOS;C:\WORD
```

Mittels SET können Sie darüber hinaus aber auch eigene Umgebungsvariablen definieren oder bestehende abändern. Alternativ ließe sich der Suchpfad auch wie folgt definieren:

```
SET PATH=C:\DOS;C:\WORD
```

*Variable löschen*

Soll eine Umgebungsvariable gelöscht werden, geben Sie nur den Namen der Variablen, gefolgt von einem Gleichheitszeichen ein.

## Der Netzwerkbetrieb

Wenn Sie Ihren Rechner im Netzwerk betreiben wollen, muß DOS dies durch SHARE mitgeteilt werden. SHARE installiert sich resident und verwaltet den gleichzeitigen Zugriff mehrerer Anwender auf eine Datei. SHARE muß *zusätzlich* zu einem individuellen Netzwerkprogramm geladen werden. Man kann definieren, wie viele Dateien maximal durch SHARE vor den Zugriffen anderer Anwender geschützt werden können:

```
SHARE /L:20
```

## Laufwerk auf Verzeichnis umleiten

*Virtuelles Laufwerk*

Sehr viel komfortabler und auch leistungsstärker ist die Möglichkeit, mit Hilfe von SUBST eine Laufwerkskennung auf ein beliebiges Verzeichnis umzuleiten. Ein virtuelles Laufwerk repräsentiert dann ein entsprechendes Verzeichnis. Durch die folgende Anweisung wird ein virtuelles Laufwerk E: eingerichtet:

```
SUBST E: C:\DOS
```

Sie können nun auf das Laufwerk E: zugreifen. Das Verzeichnis C:\DOS wird zum Hauptverzeichnis des neuen virtuellen Laufwerkes. Auf diese Weise kann man einerseits Tipparbeit sparen, andererseits Programme überlisten, die es nicht gestatten, ein beliebiges Verzeichnis auszuwählen. Es können maximal 26 virtuelle Laufwerke angelegt werden (A: bis Z:). Zu beachten ist aber die durch LASTDRIVE definierte größtmögliche Laufwerkskennung.

```
SUBST

B: => C:\
```

```
G: => C:\DOS

H: => C:\DOS\BATCHES
```

Geben Sie keinen Parameter ein, so werden die aktuellen Zuord-
nungen auf dem Bildschirm ausgegeben. Wollen Sie eine Zuordnung aufheben, geben Sie lediglich die entsprechende
Laufwerkskennung, gefolgt von der Option /D an:

*Zuordnung auf-
heben*

```
SUBST E: /D
```

# Die Kontrollbefehle

MS-DOS verfügt darüber hinaus über einige Kontrollbefehle, die
die Arbeit mit dem Betriebssystem zur Laufzeit konfigurieren.


### Diskettenoperationen abbrechen

Mit Hilfe von BREAK können Sie definieren, ob eine Disketten-
operation durch Strg C unterbrochen werden darf oder nicht;
normalerweise ist das nicht möglich. Wenn Sie mit Programmen
arbeiten, die zahlreiche und langwierige Zugriffe auf Disketten
und Festplatten erfordern, kann es sinnvoll sein, eine Unterbre-
chung zuzulassen:

*BREAK*
Strg C

```
BREAK ON
```


### Schreiboperation prüfen

Optional kann man MS-DOS dazu veranlassen, geschriebene Informationen auf Lesbarkeit zu überprüfen. Man erreicht dadurch eine höhere Datensicherheit. Nach jedem geschriebenen
Sektor überprüft MS-DOS, sofern diese Option eingeschaltet wurde, ob der Sektor ordnungsgemäß gelesen werden kann.

```
VERIFY ON
```

Sowohl BREAK als auch VERIFY geben den aktuellen Betriebszu-
stand aus, wenn man keinen Parameter angibt:

```
VERIFY
```

```
VERIFY ist ausgeschaltet (OFF)
```

## Standardein-/ausgabegerät definieren

*Standardein-/ausgabegerät*

Die sogenannte Konsole, der Bildschirm und die Tastatur als logische Einheit, sind das Standardein-/ausgabegerät. Durch CTTY kann man ein anderes Gerät als Standardein-/ausgabe definieren, etwa die serielle Schnittstelle.

```
CTTY COM1:
```

## Aktuelle Speichersituation ermitteln

Der Arbeitsspeicher des PCs teilt sich - je nach Speichersituation - in Hauptspeicher, Extended und Expanded Memory auf. Mit Hilfe von MEM erfahren Sie, wie diese aktuelle Speichersituation aussieht.

```
MEM [/PROGRAM|/DEBUG|/CLASSIFY]
```

| Option | Wirkung |
|---|---|
| /PROGRAM | Neben den Angaben zum Speicher werden auch Informationen über die in den Speicher geladenen residenten Programme angezeigt. |
| /DEBUG | Neben den Informationen zur Speicherbelegung werden die Namen aller im Speicher befindlichen Programme ausgegeben (wie /PROGRAM) sowie die Namen aller Gerätetreiber. |
| /P | Zeigt die Informationen auf dem Bildschirm seitenweise an. |
| /MODULE | Gibt die genaue Speicherzuordnung für jedes einzelne Programm wieder. Nach der Option /MODULE müssen Sie einen Programmnamen angeben. |
| /CLASSIFY | Der Status und die Größe der im konventionellen Speicher und im Upper Memory des Rechners verwalteten Programme und Befehle werden aufgelistet. |

Tab. 5.3: Die Optionen von MEM

```
C:\>MEM

Speichertyp           Insgesamt  =  Verwendet  +   Frei
------------------    ---------     ---------      ---------
Konventioneller          640K           45K          595K
Hoher                    147K          107K           40K
Adapter RAM/ROM          237K          237K            0K
Erweiterung (XMS)       7168K         6416K          752K
Expansion (EMS)            0K            0K            0K
------------------    ---------     ---------      ---------
Insg. Speicher          8192K         6805K         1387K

Insg. unter 1 MB         787K          152K          635K

Maximale Größe für ausführbares Programm      595K   (609120 Byte)
Größter freier Block im oberen Speicherblock   24K    (24176 Byte)
MS-DOS ist resident im oberen Speicherbereich (High Memory Area).

C:\>
```

Abb. 5.1: MEM informiert über die aktuelle Speicherbelegung

MEM gibt jederzeit Auskunft über die aktuelle Speichersituation des Rechners. Ohne Parameter wird angezeigt, wieviel konventioneller Speicher grundsätzlich verfügbar ist, wieviel davon zur Zeit zur Verfügung steht und ob Teile des MS-DOS in den oberen Speicherbereich (High Memory Area) ausgelagert werden konnten.

Ist eine Speichererweiterung vorhanden, also Speicher über der Ein-MByte-Grenze, teilt MEM zudem mit, wieviel Zusatzspeicher (Extended Memory, hier: Erweiterungsspeicher) grundsätzlich vorhanden und wieviel davon zur Zeit als XMS-Speicher verfügbar ist. Auch über Expanded Memory gibt MEM Auskunft: Wieviel ist eingerichtet und wieviel steht maximal zur Verfügung?

Wenn Sie von den optionalen Parametern /PROGRAM oder /DEBUG Gebrauch machen, wird neben der reinen Speicherstatistik auch ein Speicherauszug geliefert. Bei /PROGRAM werden die Namen aller im Speicher befindlichen residenten Programme angegeben, inklusive der Startadresse und der Länge des jeweiligen Programms. Sofern mit Expanded Memory gearbeitet wird, erscheint eine genaue Belegungstabelle des Speichers.

*/PROGRAM*

Durch /DEBUG werden zusätzlich Informationen über alle Gerätetreiber, deren Namen und Startadressen im Speicher sowie über die Belegung im Expanded Memory angezeigt. Und durch

*/DEBUG*

/CLASSIFY werden alle im konventionellen Speicher und Upper Memory verwalteten Programme und Befehle aufgelistet.

*/MODULE*    Anders als der Schalter /CLASSIFY zeigt /M(ODULE) die Speicherbelegung für jedes Programm oder Treiber einzeln an. Hier erhalten Sie Informationen über Segmentadresse und belegte Speichergröße. Nur müssen Sie nach dem Schalter, den Sie auch mit /M abkürzen können, den Namen des Programms angeben. Wenn Sie

```
MEM /C /P
```

eingeben, erhalten Sie eine Liste mit den Programmnamen. Anschließend verwenden Sie den Schalter /M,

```
MEM /M HIMEM
```

um sich zum Beispiel die Speicherbelegung von HIMEM.SYS anzeigen zu lassen.

```
C:\>mem /M himem

HIMEM verwendet folgenden Speicher:

Segment     Region      Insgesamt   Typ

0026C                   1088  (1K)Instal. Gerät=HIMEM

Insgesamte Größe:       1088  (1K)
```

## Verlassen eines Kommandoprozessors

*EXIT*    In einigen Anwendungsprogrammen ist es möglich, in die Befehlsebene des DOS zu gelangen. Dazu wird dann eine Kopie des Kommandoprozessors COMMAND.COM geladen, den Sie durch EXIT wieder verlassen können. Sie gelangen danschließend wieder in das Anwendungsprogramm, aus dem Sie DOS temporär gestartet haben.

```
EXIT
```

# Schritt 6:

# Kopieren

*Das Kopieren von Dateien oder kompletten Disketten ist eine häufige Aufgabe bei der täglichen Arbeit mit dem PC. MS-DOS stellt zu diesem Zweck zahlreiche Befehle zur Verfügung.*

## Kopieren von Dateien mit COPY

Eines der gewiß am häufigsten verwendeten DOS-Kommandos ist COPY. Sie können damit einzelne Dateien oder ganze Dateigruppen kopieren, Dateien erstellen und auf die angeschlossenen Peripheriegeräte zugreifen. Soll eine einzelne Datei kopiert werden, geben Sie den Namen der betreffenden Quelldatei sowie das Ziel (Laufwerk, Verzeichnis oder beides) an. Im folgenden Beispiel wird die Datei QUELLE.TXT in das Zielverzeichnis \ZIEL kopiert, die Datei erhält dort denselben Namen:

*COPY*

*Einzelne Datei*

```
COPY QUELLE.TXT C:\ZIEL
```

Soll die Datei einen anderen Namen erhalten, so ist dieser gleichzeitig mit dem Ziel zu definieren:

```
COPY QUELLE.TXT C:\ZIEL\NEUNAME.TXT
```

Wollen Sie mehrere Dateien gleichzeitig kopieren, so bedienen Sie sich der Wild Cards (* und ?). Um alle Dateien mit der Kennung .TXT zu kopieren, geben Sie beispielsweise ein:

*Wild Cards*

```
COPY *.TXT C:\ZIEL
```

Wollen Sie mehrere Dateien kopieren und in einer Datei zusammenfassen, so ist auch dies mit COPY möglich. Geben Sie beliebig viele Quelldateien, verknüpft durch das Pluszeichen "+" und nur ein Ziel an:

*Dateien zusammenfügen*

```
COPY A.TXT+B.TXT+C.TXT ZIEL.TXT
```

Mit Hilfe von COPY können Sie überdies auch eine Datei über die Tastatur einrichten - was sich allerdings nur dann lohnt, wenn nur ein oder zwei Zeilen eingegeben werden müssen (verwenden Sie sonst den Editor):

```
COPY CON DEMO.TXT

Diese Zeilen wurden via Tastatur eingegeben

^Z
```

Um das Dateiende-Kennzeichen (^Z) zu erhalten, betätigen Sie die Taste [F6]. Schließen Sie jede Eingabezeile durch [↵] ab. Durch die Taste [F6], die auch durch [↵] bestätigt werden muß, weiß DOS, daß das Einrichten der Datei beendet ist. Der Befehl COPY *Optionen* verfügt über die in Tabelle 6.1 aufgeführten Optionen.

| Option | Wirkung |
|--------|---------|
| /A | Datei ist eine ASCII-Datei und wird durch EOF (ASCII-Code 26) beendet. Wird /A vor dem Ziel angegeben, so erhält die Zieldatei automatisch ein EOF-Zeichen. |
| /B | Datei ist keine ASCII-Datei und wird erst durch das tatsächliche Dateiende beendet. Wird /A vor dem Ziel angegeben, so erhält die Zieldatei kein EOF-Zeichen. |
| /V | Nach dem Kopiervorgang wird die Lesbarkeit der kopierten Datei überprüft. |

Tab. 6.1: Die Optionen des COPY-Befehls

## Verschieben von Dateien

Bisher hatte es unter allen DOS-Versionen keinen komfortablen Befehl zum Verschieben von Dateien gegeben. Mit dem Befehl MOVE gehört dies nun endlich der Vergangenheit an. MOVE wird genauso wie COPY angewandt, nur daß nach dem Kopiervorgang die Datei gelöscht wird. Soll eine einzelne Datei verschoben werden, geben Sie den Namen der betreffenden Quelldatei sowie das Ziel (Laufwerk, Verzeichnis oder beides) an. Im folgenden Beispiel wird die Datei QUELLE.TXT in das Zielverzeichnis \ZIEL kopiert, die Datei erhält dort denselben Namen:

```
MOVE QUELLE.TXT C:\ZIEL
```

Soll die Datei einen anderen Namen erhalten, so ist dieser gleichzeitig mit dem Ziel zu definieren:

```
MOVE QUELLE.TXT C:\ZIEL\NEUNAME.TXT
```

# Komfortables Kopieren mit XCOPY

Was in puncto Kopieren mit COPY nicht gelöst werden kann, ist mit XCOPY möglich - garantiert. XCOPY ist ein in jeder Hinsicht erweiterter COPY-Befehl. Werden mehrere Dateien kopiert, liest XCOPY so viele davon in den Speicher, wie möglich ist, erst dann wird geschrieben. Das beschleunigt insbesondere das Kopieren auf Diskette. Eine Besonderheit von XCOPY ist, daß auch Unterverzeichnisse berücksichtigt werden können, während COPY sich nur auf das jeweils explizite Verzeichnis bezieht. Wollten Sie beispielsweise *alle* Dateien auf der Festplatte mit der Kennung .TXT auf Diskette kopieren, würden Sie dies dank der Option /S durch die folgende Anweisung erreichen:

*XCOPY*

```
XCOPY C:\*.TXT A: /S
```

Auf dem Zieldatenträger (hier A:) wird von XCOPY automatisch dieselbe Verzeichnis-Hierarchie eingerichtet, wie sie in der Quelle vorgefunden wird.

```
XCOPY Quelle [Ziel] [/A | /M] [/D:Datum] [/P] [/S [/E]]
[/V] [/W]
```

| Option | Wirkung |
|---|---|
| /A | Kopiert nur die Dateien, die seit dem letzten BACKUP oder XCOPY/M verändert wurden, wobei das Archivflag unberührt bleibt. |
| /D:*Datum* | Kopiert nur die Dateien, die nach dem angegebenen Datum erstellt oder verändert wurden. |
| /E | Erzeugt ein Unterverzeichnis im Ziel selbst dann, wenn dieses leer ist. Nur mit /S verwenden. |
| /M | Kopiert nur die Dateien, die seit dem letzten BACKUP oder XCOPY/M verändert wurden. Das Archivflag wird zurückgesetzt. |
| /P | Jede Datei, die kopiert werden soll, muß einzeln bestätigt werden. |
| /S | XCOPY bezieht auch alle Unterverzeichnisse der Quelle in den Kopiervorgang mit ein. |
| /V | Nach Kopiervorgang Überprüfung der Lesbarkeit. |
| /W | Bevor XCOPY startet, haben Sie die Möglichkeit, den Datenträger zu wechseln. |

Tab. 6.2: Die Optionen des XCOPY-Befehls

## Kopieren einer kompletten Diskette

*DISKCOPY*

*DISKCOPY*

*Verschiedene Formate*

Natürlich erlaubt MS-DOS auch das Kopieren kompletter Disketten. Hierzu verwenden Sie DISKCOPY. Es wird eine 1:1-Kopie des Originals angefertigt, die vom Original nicht zu unterscheiden ist. Man kann eine 3,5-Zoll-Diskette nur auf eine 3,5-Zoll-Diskette kopieren. Entsprechendes gilt für das 5,25-Zoll-Format. Festplatten lassen sich mit DISKCOPY überhaupt nicht kopieren. Um eine Diskette zu kopieren, geben Sie ein:

```
DISKCOPY A: B:
```

Sollte die Zieldiskette gar nicht oder nicht im erforderlichen Format formatiert sein, wird DISKCOPY dies während des Kopiervorganges nachholen. Zu diesem Zweck ist der Zugriff auf FORMAT erforderlich. Verfügt Ihr Rechner nur über ein Laufwerk, so können Sie auch dann DISKCOPY verwenden:

```
DISKCOPY A: A:
```

*Automatisches Formatieren*

DISKCOPY fordert Sie in diesem Fall an geeigneter Stelle zum Wechsel der Disketten auf. Je nach Speicherausbau Ihres Rechners ist nur ein Wechsel der Disketten erforderlich.

## Aktualisieren von Dateien

*REPLACE*

Der REPLACE-Befehl ist gewissermaßen ein auf Aktualisieren von Dateien spezialisierter Kopierbefehl. Er ersetzt die auf einem Datenträger befindliche Dateien. Dadurch ersparen Sie sich, explizit zu definieren, welche Dateien kopiert werden sollen. Ist das Zielverzeichnis leer, werden keine Dateien kopiert, es sei denn, entsprechende Optionen werden angegeben.

```
REPLACE [Laufwerk1:][Pfad1]Dateiname [Laufwerk2:][Pfad2]
[/P] [/R] [/S] [/W] [/U]
```

| Option | Wirkung |
|---|---|
| /A | Es werden nur die Dateien kopiert, die im Zielverzeichnis noch *nicht* existieren (nicht mit Optionen /U oder /S zu verwenden). |
| /P | Jede einzelne Datei muß bestätigt werden. |
| /R | Es werden auch Dateien mit dem Nur-Lese-Attribut ohne Nachfrage im Ziel ersetzt. |

| /S | Es werden nur die Dateien kopiert, die bereits im Ziel existieren. |
|---|---|
| /W | Vor der Befehlsausführung kann der Datenträger getauscht werden. |
| /U | Ersetzt nur die Dateien, die älter als die Quelldateien sind (nicht mit Option /A zu verwenden). |

Tab. 6.3: Die Optionen des REPLACE-Befehls

Achten Sie darauf, Quelle und Ziel niemals zu vertauschen, da Sie sonst versehentlich die falschen Dateien überschreiben. Sie definieren zuerst, *welche* Dateien kopiert werden, und als zweites, *wohin* sie kopiert werden. Wollen Sie alle .TXT-Dateien auf der Diskette ersetzen durch die auf der Festplatte befindlichen, geben Sie ein:

```
REPLACE \TEXTE\*.TXT A:
```

Selbst wenn in diesem Beispiel im Verzeichnis \TEXTE mehr .TXT-Dateien vorhanden sind als auf Laufwerk A:, werden immer nur so viele .TXT-Dateien kopiert, wie auf Laufwerk A: gefunden werden.

## Das Kopieren der Systemdateien

Mittels SYS läßt sich eine zum Starten (Booten) von MS-DOS geeignete Systemdiskette anfertigen. Zu diesem Zweck werden die beiden versteckten Systemdateien IBMDOS.COM und IBMBIO.COM bzw. MSDOS.SYS und IO.SYS auf das angegebene Ziellaufwerk kopiert. Ferner kopiert SYS den Kommandoprozessor COMMAND.COM, der für den Systemstart unverzichtbar ist. Um die beiden versteckten Systemdateien sowie den Kommandoprozessor COMMAND.COM kopieren zu können, bedarf es einer Systemdiskette. Sie geben entweder als ersten Parameter an, auf welchem Laufwerk und in welchem Verzeichnis sich die zu kopierenden Systemdateien befinden, oder SYS verwendet das aktuelle Standardlaufwerk sowie das aktuelle Standardverzeichnis. Das Ziellaufwerk muß in jedem Fall angegeben werden. Zwei Beispiele:

```
SYS A: C:
```

```
SYS C:
```

# Das Überprüfen von Kopien

Kopien können bei Bedarf durch MS-DOS auch mit dem Original verglichen werden, um sich einerseits Gewißheit zu verschaffen, daß die Kopie gelungen ist, oder andererseits identische Dateien oder Disketten zu erkennen.

### Der Vergleich von Dateien

*FC*

Um zwei Dateien miteinander zu vergleichen, verwenden Sie den FC-Befehl. Der Befehl vergleicht die angegebenen Dateien und gibt die Unterschiede auf dem Bildschirm aus. FC ist sehr komfortable und ist zudem in der Lage, nach einem Unterschied die beiden Dateien zu synchronisieren. Der FC-Befehl verfügt über eine Vielzahl von Optionen, die in Tabelle 6.4 aufgeführt sind.

```
FC    Datei1 Datei2 [/A][/B][/C][/L][/LBn][/N][/T] [/
      W][/nnn]
```

| Option | Wirkung |
|--------|---------|
| /B | Führt einen rein binären Dateivergleich aus. Default bei allen Dateien, die über die Kennung .COM, .EXE, .SYS, .OBJ, .LIB oder .BIN verfügen. |
| /A | Kürzt die Ausgabe beim Vergleich von ASCII-Dateien ab. Anstatt alle Zeilen eines unterschiedlichen Textbereichs auszugeben, meldet FC nur die erste und letzte Zeile. |
| /C | FC vergleicht ohne Berücksichtigung von Groß- und Kleinschreibung. |
| /L | Vergleicht die beiden Dateien als ASCII-Dateien (zeilenweise statt zeichenweise). Siehe /A. |
| /LBn | Setzt den Zeilenpuffer auf die angegebene Anzahl an Zeilen. Normalerweise arbeitet FC mit 100 Zeilen. Kann die Synchronisation nicht innerhalb der hier angegebenen Anzahl Zeilen erreicht werden, wird der Vergleich beendet. |
| /N | Zeigt zusätzlich jeweils die Zeilennummern an. |
| /T | Tabulatoren werden nicht erweitert. |
| /W | Unterstützung sogenannter White Spaces. Leerzeichen und Tabulatoren werden unberück- |

sichtigt ihrer Anzahl als jeweils ein White Space
betrachtet.

/nnn              Definiert die Anzahl aufeinanderfolgender
Textzeilen, die nach einem Unterschied wenigstens identisch sein müssen.

Tab. 6.4: Der FC-Befehl und seine Optionen

## Vergleichen von Disketten

Mit DISKCOMP vergleichen Sie zwei Disketten, die natürlich über
ein identisches Format verfügen müssen. Wollen Sie zwei Disketten vergleichen, geben Sie ein:

*DISKCOMP*

```
DISKCOMP A: B:
```

Natürlich kommt auch DISKCOMP bei Bedarf mit nur einem
Laufwerk aus. In diesem Fall definieren Sie zweimal die
Laufwerkskennung:

```
DISKCOMP A: A:
```

DISKCOMP vergleicht sektorweise. Selbst wenn identische Datei-
en auf beiden Disketten gespeichert sind, sich aber an physikalisch verschiedenen Stellen befinden, werden Fehlermeldungen
ausgegeben.

# Schritt 7:

# Löschen

*Wer Daten verwalten will, muß auch schon mal Dateien löschen. MS-DOS stellt zu diesem Zweck den DEL-Befehl zur Verfügung. Alternativ zu DEL können Sie auch den Befehl ERASE verwenden (ich beziehe mich im folgenden nur auf DEL).*

Die allgemeine Befehlssyntax von DEL ist:

```
DEL   Datei [/P]
```

*Datei*   ist der Name der Datei, die gelöscht werden soll. Die Verwendung von Wild Cards ist erlaubt, so daß Sie mehrere Dateien gleichzeitig löschen können.

/P     Jede einzelne zu löschende Datei muß zuerst am Bildschirm bestätigt werden.

Durch DEL (bzw. ERASE) löschen Sie eine oder mehrere Dateien. Nach dem Löschvorgang kann die Datei, sofern keine neuen Dateien angelegt oder bestehende verändert wurden, mit Hilfe geeigneter Programme wie UNDELETE oder den Norton Utilities wieder verfügbar gemacht werden. Um eine bestimmte Datei zu löschen, geben Sie ein: *DEL oder ERASE*

```
DEL \TEXTE\BESTIMMT.TXT
```

Sollen mehrere Dateien gelöscht werden, verwenden Sie die entsprechenden Wild Cards (* und ?). Wenn alle Dateien in einem Verzeichnis gelöscht werden sollen, erfolgt eine Sicherheitsabfrage auf dem Bildschirm: *Wild Cards*

```
DEL \TEXTE\*.*
```

```
Alle Dateien im Verzeichnis werden gelöscht!
```

```
Sind Sie sicher (J/N)?
```

Nur wenn die Sicherheitsabfrage bestätigt wird, löscht DEL alle Dateien im angegebenen Verzeichnis. Wird keine Dateiselektion angegeben, etwa nur ein Verzeichnisname, so setzt DEL *.* voraus.

```
C:\QSDOS6>del *.* /P

C:\QSDOS6\ABB17-01.SCR,    Löschen (J/N)?n
C:\QSDOS6\ABB17-02.SCR,    Löschen (J/N)?n
C:\QSDOS6\ABB17-03.SCR,    Löschen (J/N)?n
C:\QSDOS6\ABB17-04.SCR,    Löschen (J/N)?n
C:\QSDOS6\ABB17-05.SCR,    Löschen (J/N)?n
C:\QSDOS6\ABB17-06.SCR,    Löschen (J/N)?n
C:\QSDOS6\ABB17-07.SCR,    Löschen (J/N)?n
C:\QSDOS6\ABB17-08.SCR,    Löschen (J/N)?n

C:\QSDOS6>
```

Abb. 7.1: Löschen durch DEL mit Hilfe der Option /P

Wenn Sie die Option /P angeben, müssen Sie jede einzelne zu löschende Datei bestätigen. Der Dateiname jeder zu löschenden
Datei erscheint dazu auf dem Bildschirm.

Sie können mittels DEL nur Dateien löschen, die nicht vor Löschen und Überschreiben durch ATTRIB geschützt worden sind.
Anderenfalls erhalten Sie eine Fehlermeldung:

```
Zugriff verweigert/nicht möglich
```

Bitte beachten Sie, daß Sie mit Hilfe des DEL-Befehls keine Verzeichnisse löschen können, sondern lediglich Dateien. Um ein
Verzeichnis zu entfernen, verwenden Sie bitte den RD-Befehl.

DEL löscht die Dateien nicht physikalisch. Es werden lediglich
die betreffenden Datei-Einträge im Verzeichnis als gelöscht markiert und die von den Dateien belegten Blöcke in der File Allocati-
on Table (FAT) zur Benutzung freigegeben. Mit Hilfe des
UNDELETE-Befehls oder geeigneter Hilfsprogramme (Norton
Utilities oder PC Tools) können gelöschte Dateien wieder rekonstruiert werden.

# Schritt 8:

# Datenträger verwalten

*MS-DOS bedient sich unterschiedlicher Techniken, um Dateien auf Disketten und Festplatten zu verwalten. Zum einen sind dies unsichtbare Verwaltungsstrukturen wie etwa die FAT, zum anderen Dinge wie der Plattenname, Verzeichnisse oder Dateinamen.*

*FAT*

## Der Name einer Platte (Volume Label)

Jeder Diskette und jeder Festplatte kann ein Name zugewiesen werden, der auch als Volume Label bezeichnet wird. Der Name wird im Inhaltsverzeichnis angezeigt und kann neben dem Eigentümer auch den Inhalt des Speichermediums näher bezeichnen. Der Name darf aus maximal 11 Zeichen bestehen und wird einer Diskette oder Festplatte durch LABEL zugewiesen:

*Volume Label bzw. Datenträgerkennung*

```
LABEL C:BEISPIEL
```

Sollten Sie den Namen in der Befehlszeile nicht definieren, werden Sie zur Eingabe des Namens aufgefordert:

```
LABEL C:

Datenträger in Laufwerk C heißt SCHIEB

Datenträger-Seriennummer ist 16AD-A4DD

Datenträgerbezeichnung (11 Zeichen):_
```

Wird kein Name eingegeben, wird der aktuelle Name nach Bestätigen der Sicherheitsabfrage gelöscht. Folgende Zeichen dürfen im Namen nicht verwendet werden:

```
@ [] <> () ^. += ,. ;: *? /\|
```

Wollen Sie den Namen eines Laufwerks erfahren, verwenden Sie VOL. VOL gibt den aktuellen Namen auf dem Bildschirm aus. Geben Sie kein Laufwerk an, wird der Name des Standardlaufwerks angezeigt.

*Aktuelle Name durch VOL*

```
VOL C:
```

```
Datenträger in Laufwerk C ist SCHIEB

Datenträgernummer ist 16AD-A4DD
```

## Verzeichnisse verwalten

Disketten und Festplatten werden aus Gründen der Über-
sichtlichkeit in Verzeichnisse unterteilt. Im Hauptverzeichnis ist
die Anzahl der Verzeichnisse begrenzt, in einem Verzeichnis selbst
können beliebig viele Unterverzeichnisse angelegt werden.

| Laufwerk | Maximale Anzahl Verzeichnisse |
|---|---|
| 360/720 KByte | 112 |
| 1,2/1,44 MByte | 224 |
| Festplatte | 512 |

Tab. 8.1: Maximale Anzahl von Verzeichnissen im Hauptverzeichnis

### Verzeichnis bearbeiten

*MD, CD und RD*

Zum Anlegen, Wechseln und Löschen von Verzeichnissen dienen
die drei Kommandos MD, CD und RD. Durch MD legen Sie ein neues Verzeichnis an, durch CD wechseln Sie das Standardverzeichnis
eines Laufwerks und durch RD wird ein leeres Verzeichnis wieder
entfernt.

```
MD C:\DEMO

CD \DEMO

RD \DEMO
```

*Standardver-
zeichnis ange-
ben*

Es kann jeweils alternativ auch der Name des betroffenen Laufwerks angegeben werden. Durch CD ohne Parameter erfahren Sie
den Namen des aktuellen Verzeichnisses. Geben Sie lediglich eine
Laufwerkskennung an, wird das Standardverzeichnis des Laufwerkes angezeigt.

*Absoluter und
relativer Ver-
zeichnisname*

Bitte berücksichtigen Sie: Wenn ein Verzeichnisname mit einem
Backslash (\) beginnt, handelt es sich um einen absoluten, andernfalls um einen relativen Verzeichnisnamen. Das Verzeichnis \DOS

Schritt 8

**60**

ist eindeutig, während DOS bei Standardverzeichnis \TEXTE dem Verzeichnis \TEXTE\DOS entspricht, somit vom Standardverzeichnis abhängig ist.

## Komplettes Verzeichnis löschen

Wollen Sie ein komplettes Verzeichnis samt seinem Inhalt löschen, dann verwenden Sie den neuen komfortablen DELTREE-Befehl. Mit seiner Hilfe wird nicht nur das Verzeichnis selbst entfernt, sondern auch der Inhalt. Dieser Vorteil macht den Befehl aber auch gefährlich: Einmal aufgerufen (und die Sicherheitsabfrage bestätigt), löscht er unbarmherzig alle im Verzeichnis enthaltenen Dateien und auch alle eventuell vorhandenen Unterverzeichnisse.

Wie bei RD geben Sie nur den Namen des Verzeichnisses an, das Sie löschen wollen. Den Rest übernimmt DELTREE. Sie müssen lediglich vorher eine Sicherheitsabfrage bestätigen:

```
DELTREE C:\BEISPIEL
```

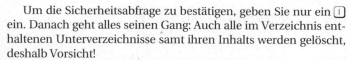

Um die Sicherheitsabfrage zu bestätigen, geben Sie nur ein ⏎ ein. Danach geht alles seinen Gang: Auch alle im Verzeichnis enthaltenen Unterverzeichnisse samt ihren Inhalts werden gelöscht, deshalb Vorsicht!

Sie können auch mehrere Verzeichnisnamen angeben, sofern Sie mehrere Verzeichnisse löschen und entfernen wollen. DELTREE entfernt auch alle versteckten Dateien.

Sofern Sie auf die Bestätigung der Sicherheitsabfrage verzichten wollen, etwa weil Sie DELTREE aus einer Batchdatei heraus starten, können Sie die Option /Y angeben. In dem Fall löscht DELTREE das betreffende Verzeichnis ohne jede Nachfrage. Wichtig ist, daß die Option /Y *vor* den Verzeichnisnamen angegeben wird:

```
DELTREE /Y C:\BEISPIEL D:\WEGDAMIT
```

## Die Baumstruktur einer Diskette oder Festplatte

Durch TREE wird die Verzeichnis-Struktur eines Laufwerks dargestellt. TREE verwendet dazu standardmäßig grafische Elemente, die bei Bedarf durch die Option /A durch reine ASCII-Zeichen ersetzt werden (etwa zur Ausgabe auf dem Drucker). Darüber hinaus kann TREE die Namen aller auf einem Datenmedium gespeicherten Dateien ausgeben.

*TREE*

```
TREE [Datei] [/A][/F]
```

*Datei* Definiert das Startverzeichnis.

| Option | Wirkung |
| --- | --- |
| /A | Verwendet anstatt grafischer Sonderzeichen, die nicht auf jedem Drucker verfügbar sind, reine ASCII-Zeichen. |
| /F | Neben den Verzeichnisnamen werden auch die Datei-namen ausgegeben. |

**Tab. 8.2:** Syntax und Optionen des TREE-Befehls

TREE gibt die Verzeichnis-Hierarchie ausgehend vom Standardverzeichnis aus. Optional läßt sich aber ein Startverzeichnis spezifizieren. Wird die Option /A definiert, verzichtet TREE auf grafische Elemente zur Darstellung der Hierarchie.

## Inhaltsverzeichnis anzeigen

Die Inhalte von Disketten, Festplatten und Verzeichnissen können durch DIR ausgegeben werden. DIR führt die Namen aller Dateien und Unterverzeichnisse, deren Größe in Byte sowie Datum und Uhrzeit der letzten Änderung tabellarisch auf.

```
DIR    [Datei] [/B][/L][/P][/S][/W] [/C][/
A[[:][-]Attribute] [/O[[:][-]Sortierung]
```

| Option | Wirkung |
| --- | --- |
| /B | DIR zeigt nur die Dateinamen an, ohne weitere Angaben und ohne Leerräume im Dateinamen selbst. |
| /L | Die Dateinamen erscheinen in Kleinschreibung. |
| /P | Die Bildschirmausgabe wird nach jeweils einer Bildschirmseite angehalten und nur auf Tastendruck fortgesetzt. |
| /S | Zeigt auch die Dateinamen und Datei-Informationen aller untergeordneten Verzeichnisse an; jedes Verzeichnis wird separat behandelt. |
| /W | Zeigt fünf Dateinamen pro Ausgabezeile ohne weitere Datei-Informationen an (breite Darstellung). |

/C      Zeigt auf einem komprimierten Laufwerk das Komprimierungsverhältnis für jede Datei an.

/A      Zeigt nur die Dateien an, die über das gewünschte Attribut
verfügen. Es lassen sich auch mehrere Attribute gleichzeitig angeben. Folgende Attribute können überprüft werden:

| | | |
|---|---|---|
| + A | Archiv | Veränderte/neue Dateien |
| - A | Archiv | Unveränderte Dateien |
| + D | Directory | Nur Verzeichnisse anzeigen |
| - D | Directory | Keine Verzeichnisse anzeigen |
| + H | Hidden | Versteckte Dateien |
| - H | Hidden | Sichtbare Dateien |
| + R | Read Only | Löschgeschützte Dateien |
| - R | Read Only | Keine löschgeschützten Dateien |
| + S | System | Systemdateien |
| - S | System | Nicht-Systemdateien |

/O      Definiert die Sortierreihenfolge. Durch Voranstellen
eines Minuszeichens "-" läßt sich die Sortierreihenfolge
optional umkehren. Folgende Sortiermöglichkeiten
bestehen:

| | |
|---|---|
| D | Nach Datum und Uhrzeit (alt vor neu) |
| E | Nach Dateikennung (alphabetisch) |
| G | Verzeichnisse zuerst aufführen |
| N | Alphabetisch nach Dateiname |
| S | Nach Dateigröße (klein zuerst) |

**Tab. 8.3:** Syntax und Optionen des DIR-Befehls

Geben Sie keine Parameter an, zeigt DIR das Inhaltsverzeichnis des
aktuellen Standardverzeichnisses. Wird keine Dateiselektion angegeben, wird "*.*" angenommen. Optional kann auch eine Dateiselektion angegeben werden:

```
DIR \BEISPIEL
```

```
DIR \TEXTE\*.TXT
```

Neu an MS-DOS 6 ist, daß sich Optionen auch als Default definieren lassen. Dazu wird die Umgebungsvariable DIRCMD definiert.
Soll beispielsweise standardmäßig eine seitenweise Ausgabe erfolgen, geben Sie ein:

*Default-Einstel-
lung*

```
SET DIRCMD=/P
```

DIR verwendet nun automatisch die Option /P, solange DIRCMD kein anderer Wert zugewiesen wird. Natürlich können Sie nach wie vor bei Verwendung des DIR-Befehls zusätzliche Optionen definieren; um eine Standardoption aufzuheben, muß die gegensätzliche Option angegeben werden.

### Die erweiterten Möglichkeiten von DIR

*Attribute*

DIR kann bei Verwendung der Option /A nach Datei-Attributen selektieren. Sie geben an, welche Attribute gesetzt oder nicht gesetzt sein sollen. Alle Angaben verstehen sich in einer Und-Verbindung. Durch:

```
DIR /A:RA-H
```

wählen Sie beispielsweise alle Dateien mit gesetztem Archivflag *und* gesetztem Read-Only-Flag aus, die überdies *nicht* versteckt sind.

*Sortieren*

Soll die Ausgabe des DIR-Befehls sortiert erfolgen, verwenden Sie die Option /O. Auch hier gilt: Es können mehrere Sortierkriterien angegeben werden. Soll beispielsweise zuerst nach Dateikennung und anschließend nach Dateinamen sortiert werden, geben Sie ein:

```
DIR /O:EN
```

Sollten Sie nur /O:E angeben, wäre zwar nach Dateikennung sortiert, hier jedoch die Reihenfolge unbestimmt. Beachten Sie bitte, daß Sie durch Voranstellen eines Minuszeichens die Sortierreihenfolge auch umkehren können.

## Diskette oder Festplatte überprüfen

*CHKDSK - Datenmedium überprüfen*

CHKDSK dient in erster Linie dazu, Disketten oder Festplatten auf logische oder physikalische Fehler zu untersuchen und um anschließend einen Statusbericht über die aktuelle Situation erstellen zu können. Dazu überprüft CHKDSK unterschiedliche Komponenten des betreffenden Datenträgers, unter anderem das Hauptverzeichnis, die Dateibelegungstabelle (FAT) sowie - optional - die angegebenen Dateien selbst.

```
CHKDSK[Laufwerk][Datei] [/F][/V]
```

Laufwerk definiert das zu prüfende Laufwerk. Fehlt diese Angabe, wird das aktuelle Standardlaufwerk überprüft.

*Datei* gibt optional an, welche Datei(en) überprüft
werden soll(en). CHKDSK überprüft die angegebenen
Dateien unter anderem auf zusammenhängende Speicherbereiche.

| Option | Wirkung |
|--------|---------|
| /F | Alle entdeckten Fehler sollen nicht nur gemeldet, sondern - sofern möglich - auch korrigiert werden. Insbesondere lassen sich dadurch verlorene Bereiche in Dateien umwandeln, die CHKDSK beginnend mit FILE0000.CHK abspeichert. |
| /V | Bei der Kontrolle des Datenmediums werden alle Dateinamen und Verzeichnisse ausgegeben. |

**Tab. 8.4:** Syntax und Optionen des CHKDSK-Befehls

Starten Sie CHKDSK ohne Parameter, werden lediglich folgende
Aktionen ausgeführt; CHKDSK überprüft die FAT und ermittelt
Zuordnungseinheiten (Cluster), die in der FAT zwar als belegt markiert sind, jedoch zu keiner Datei gehören. Diese sogenannten *verlorenen Bereiche* können wahlweise in Dateien gebunden oder als
frei markiert werden. Eine Korrektur dieses Fehlers erfolgt jedoch
nur, wenn bei Aufruf die Option /F angegeben wurde.

*Zuordnungsein-
heit (Cluster)*

Sollten verlorene Bereiche gefunden werden, so werden diese
durch CHKDSK gemeldet. Haben Sie die Option /F verwendet, können Sie wählen, ob die verlorenen Bereiche in Dateien gewandelt
oder freigegeben werden sollen. Werden die Bereiche in Dateien
gewandelt, werden sie unter dem Dateinamen FILEnnn.CHK gespeichert. Dabei wird jede zusammenhängende Kette von Zuordnungseinheiten eine Datei angelegt. Die Numerierung der im
Hauptverzeichnis gespeicherten Dateien beginnt bei 000.

*Verlorene
Bereiche*

CHKDSK ermittelt die zur Verfügung stehende Speicherkapazität und wieviel davon bereits in Verwendung ist. Die letzten
zwei Zeilen beziehen sich auf den Hauptspeicher des Rechners.
Hier erfahren Sie, wieviel RAM grundsätzlich zur Verfügung steht
und wieviel davon noch frei ist (nur konventioneller Speicher).

*Speicher
kapazität*

Sie können mittels CHKDSK erfahren, wie stark einzelne Datei-
en fragmentiert sind. Geben Sie eine Dateispezifikation an, so werden die entsprechenden Dateien untersucht. CHKDSK ermittelt,
aus wievielen Bereichen die jeweilige Datei besteht. Sind viele Dateien fragmentiert, empfiehlt sich, den Disk Optimizer DEFRAG zu
starten.

*Fragmentierung
prüfen*

```
C:\>chkdsk
Datenträgernummer: 1A45-3C76

 124389376 Byte Speicherplatz auf dem Datenträger insgesamt
  12175360 Byte in 6 versteckten Dateien
    180224 Byte in 83 Verzeichnissen
  45686784 Byte in 1072 Benutzerdateien
  66347008 Byte auf dem Datenträger verfügbar

      2048 Byte in jeder Zuordnungseinheit
     60737 Zuordnungseinheiten auf dem Datenträger insgesamt
     32396 Zuordnungseinheiten auf dem Datenträger verfügbar

    655360 Byte konventioneller Arbeitsspeicher
    608976 Byte frei

C:\>
```

Abb. 8.1: CHKDSK überprüft Datenträger

## Umbenennen von Dateien

*Umbenennen*

Die beiden Kommandos REN und RENAME sind vollkommen identisch und dienen unter MS-DOS dem Umbenennen einer oder
mehrerer Dateien. Soll eine Datei umbenannt werden, so ist lediglich der neue Dateiname zu spezifizieren, Laufwerks- und Verzeich-
nisangaben sind nur beim ersten Parameter erforderlich. Bei
Verwendung von Wild Cards werden mehrere Dateien gleichzeitig
umbenannt. So lassen sich beispielsweise alle Dateien mit der Kennung .TXT in Dateien mit der Kennung .DOC umbenennen:

```
REN *.TXT *.DOC
```

Sollte bereits eine Datei unter dem neuen Dateinamen existieren,
erscheint eine Fehlermeldung, und REN weist die Umbenennung
der Datei zurück. Wählen Sie in diesem Fall einen anderen neuen
Dateinamen.

## Editieren von Datei-Attributen

Jede Datei verfügt über ein Attributsfeld, in dem verschiedene
Zustände der Datei verwaltet werden. Die Attribute bestimmen

unter anderem, ob eine Datei im Inhaltsverzeichnis erscheint oder ob sie überschrieben werden kann etc. Mit Hilfe von ATTRIB können Sie diese Attribute einer Datei editieren.

```
ATTRIB [±A][±H][±R][±S] [Pfad][Datei] [/S]
```

*Pfad*   definiert optional das Verzeichnis, in dem sich die zu bearbeitenden Dateien befinden. Die Attribute eines Verzeichnisses lassen sich ebenfalls mit ATTRIB bearbeiten.

*Datei* Definiert die zu bearbeitenden Dateien.

/S    Unterverzeichnisse werden miteinbezogen.

Jede Datei verfügt über mehrere verschiedene sogenannte *Attribute*, die über den Zustand und die Bedeutung einer Datei entscheiden. Auch Verzeichnisse verfügen über solche Attribute. Intern ist ein Verzeichnis verwaltungstechnisch gesehen nichts anderes als eine Datei mit einem gesetzten Verzeichnisflag.

Einige der Attribute lassen sich unter MS-DOS 6 mit Hilfe des ATTRIB-Befehls abfragen und auch verändern. So das Archivflag, das Read-Only-Flag, das Versteckt-Flag sowie das Systemflag. ATTRIB bearbeitet sowohl Dateien als auch Verzeichnisse, wenngleich lediglich das Versteckt- und das Systemflag bei Verzeichnissen sinnvoll verwendet werden können.

Sollte eine Datei als Read-Only (+R) definiert sein, kann diese nicht mehr versehentlich gelöscht oder überschrieben werden. Sollte dennoch ein entsprechender Versuch unternommen werden, erscheint auf dem Bildschirm die Meldung

*Schreibschutz*

Zugriff verweigert/nicht möglich

Eine schreibgeschützte Datei kann jedoch problemlos umbenannt werden; sie bleibt dabei schreibgeschützt. Kopieren Sie eine schreibgeschützte Datei, verfügt die Kopie nicht mehr über dieses schützende Attribut. Das sogenannte Archivflag zeigt an, ob eine Datei seit dem letzten XCOPY /M oder BACKUP neu erstellt oder verändert worden ist. Wird die Datei durch XCOPY /M oder BACKUP kopiert, wird das Archivflag zurückgenommen (-A). Wird die Datei danach verändert, wird das Flag entsprechend wieder gesetzt. Das Systemflag definiert eine Systemdatei. Diese Dateien werden meistens besonders vorsichtig behandelt und deswegen weder gelöscht noch physikalisch auf dem Datenträger verschoben oder umbenannt.

*Archivflag*

*Systemflag*

*Versteckte*
*Dateien*

Das Versteckt-Flag zeigt an, ob eine Datei oder ein Verzeichnis versteckt verwaltet werden soll. Eine versteckte Datei bzw. ein verstecktes Verzeichnis erscheinen nicht im gewöhnlichen Inhaltsverzeichnis - bei DIR ist zur Anzeige dieser Dateien die Verwendung der Option /A erforderlich.

*Ohne Parameter*

Geben Sie keine explizite Attributsveränderung an, wird der Zustand der gewählten Dateien und Verzeichnisse auf dem Bildschirm angezeigt. Dabei bedeutet ein "R" ein gesetztes Read-Only-Flag, ein "A" ein gesetztes Archivflag, ein "S" ein gesetztes Systemflag und ein "H" ein gesetztes Versteckt-Flag.

```
ATTRIB \DOS\*.COM

    A   SHR      C:\DOS\COMMAND.COM

            R    C:\DOS\FORMAT.COM

    A            C:\DOS\ATTRIB.COM

    A       R    C:\DOS\LABEL.COM
```

Sollen beispielsweise *alle* Befehlsdateien auf der Festplatte vor versehentlichem Löschen oder Überschreiben geschützt werden, geben Sie ein:

```
ATTRIB +R C:\*.EXE /S

ATTRIB +R C:\*.COM /S
```

# Schritt 9:

# Dateien ausgeben

*Die Ausgabe einer Datei kann auf verschiedene Weise bewerkstelligt werden und hängt nicht zuletzt natürlich auch vom Inhalt ab. Eine einfache und normale ASCII-Datei kann mit Hilfe geeigneter DOS-Kommandos ausgegeben werden, eine Datenbank-Datei beispielsweise läßt sich natürlich nur unter Zuhilfenahme der entsprechenden Datenbank selbst zufriedenstellend zu Papier bringen.*

*ASCII-Dateien*

## Ausgabe auf den Bildschirm

Um den Inhalt einer Datei auf dem Bildschirm auszugeben, verwenden Sie TYPE. In der Regel gibt man mit Hilfe von TYPE lediglich ASCII-Dateien aus, da Binärdateien zahlreiche nicht druckbare Steuerzeichen enthalten, die zu nicht interpretierbarem Zeichenwirrwarr führen.

*TYPE*

```
TYPE DEMO.TXT
```

Eine längere Bildschirmausgabe können Sie durch [Strg][S] oder [Strg][Num] anhalten. Ein weiterer Tastendruck setzt die Ausgabe dann fort. Natürlich können Sie sich auch des Befehls MORE bedienen, um eine seitenweise Ausgabe zu erreichen:

*Seitenweise Anzeige*

```
MORE <DEMO.TXT
```

## Ausgabe auf dem Drucker

Bei einer Datei, die auf dem Drucker ausgegeben werden soll, muß in noch höherem Maße sichergestellt sein, daß sie keine unverständlichen Steuerzeichen enthält, da Steuerzeichen auf dem Drucker unvorhersehbare Folgen haben können, unnötig viel Papierverbrauch ist da nur eine Möglichkeit. Um eine kleine ASCII-Datei auf dem Drucker auszugeben, kann das COPY-Kommando verwendet werden:

*Steuerzeichen*

```
COPY AUTOEXEC.BAT PRN
```

*Name des Druk-*
*kers*

Sie geben einfach den Namen des Druckers, hier PRN:, als Ziel-
dateiname an. Natürlich kann der Drucker auch mit LPT1: oder
COM1: etc. bezeichnet werden, sollte der Drucker sich an einer
anderen Schnittstelle befinden.

## Protokollmodus einschalten

*Protokollmodus*

MS-DOS verfügt über einen Protokollmodus. Sollen alle Operatio-
nen auf dem Drucker protokolliert werden, betätigen Sie einfach
die Tastenkombination ⌊Strg⌋⌊P⌋. Alles, was von nun an auf dem
Bildschirm erscheint, auch Ihre Eingaben, wird auch auf dem
Drucker ausgegeben. Den Protokollmodus schalten Sie ggf. durch
⌊Strg⌋⌊P⌋ wieder ab.

## Die komfortable Ausgabe auf den Drucker

MS-DOS stellt ein sehr leistungsfähiges Kommando zur Verfügung, um beliebige Dateien auf dem Drucker auszugeben: PRINT.
Während PRINT eine Datei ausgibt, können Sie mit anderen Anwendungsprogrammen weiterarbeiten. PRINT arbeitet quasi im
Hintergrund, wodurch eine Form von "Multitasking" unter DOS
erreicht wird. Aus diesem Grund eignet sich die Verwendung von
PRINT insbesondere dann, wenn längere Dateien ausgegeben
werden müssen, die sonst den gesamten Rechner blockieren würden. Überdies ist PRINT in der Lage, verschiedene zu druckende
Dateien in einer Warteschlange zu verwalten und geordnet der
Reihe nach auszugeben.

```
PRINT [/H][/D][/Q][/B][/S][/M][/U]

PRINT [Datei][/P][/T][/C][Datei...]
```

| Option | Wirkung |
|--------|---------|
| *Datei* | Definiert den Namen der Dateien, die aus-gegeben werden sollen. |
| /C | Die angegebenen Dateien werden aus der Queue entfernt. Der Druck der aktuellen Datei wird ggf. sofort abgebrochen. |
| /P | Die angegebenen Dateien werden in die Queue eingefügt. |

| /T | Alle in der Queue befindlichen Dateien streichen und aktuellen Druck abbrechen. |
|---|---|
| /B:Puffer | Definiert die Puffergröße von PRINT. |
| /D:Gerät | Definiert das Ausgabegerät für PRINT. |
| /M:Zyklen | Definiert die Zeitspanne in Ticks, die zum Druck jeweils zur Verfügung steht. Default ist 2, möglich sind Werte zwischen 1 und 255. |
| /Q:Anzahl | Maximale Anzahl von Dateien, die von der Queue aufgenommen werden können. |
| /S:Zeit | Gibt die relative Häufigkeit an, mit der PRINT aufgerufen wird. Standard ist 8, möglich sind Werte zwischen 1 und 255. |
| /U:Zyklen | Anzahl der Taktzyklen (à 1/18 Sekunde), die PRINT wartet, bis bei belegtem Drucker eine Fehlermeldung ausgegeben wird. |

Tab. 9.1: Befehlssyntax und Optionen des PRINT-Befehls

Die Parameter /B, /D, /M, /Q, /S und /U werden nur beim ersten Aufruf von PRINT verwendet. Sie definieren die Arbeitsumgebung von PRINT, etwa wie groß der verfügbare Puffer sein soll, wie viele Dateien dort verwaltet werden oder wann Time-Out-Fehler gemeldet werden sollen etc.

Sollten Sie PRINT ohne entsprechende Parameter starten, werden gewisse Standardeinstellungen vorausgesetzt (siehe Tabelle 9.1). Definiert werden muß aber auf jeden Fall das Ausgabegerät. Wurde beim ersten Aufruf der Parameter /D nicht angegeben, so erscheint folgendes auf dem Bildschirm:

```
Name des Ausgabegeräts [PRN]:

Residenter Teil von PRINT geladen

Die Druckerwarteschlange ist leer
```

Betätigen Sie nur die Taste [↵], so wird die Standardeinstellung PRN: übernommen. Andernfalls haben Sie die Möglichkeit, ein anderes Gerät als Ausgabegerät anzugeben. Das können Sie allerdings auch bereits beim ersten Aufruf, etwa wie folgt für LPT2:

*Ausgabegerät*

```
PRINT /D:LPT2
```

Durch weitere Parameter haben Sie Einfluß auf das Laufzeitverhalten von PRINT, hier sind jedoch meist keine Korrekturen erforderlich. Lediglich die Größe der Queue kann

*Größe der Queue*

manchmal nicht ausreichend erscheinen. Mittels der Option /Q haben Sie aber die Möglichkeit, die Anzahl von Dateien, die sich in der Warteschlange maximal befinden können, zu definieren. Standardmäßig verwaltet PRINT bis zu 10 Dateien in der Queue, was für die meisten Anwendungen gewiß ausreichend ist. Zwischen 4 und 32 Dateien können in der Queue optional verwaltet werden. Die Größe der Queue wird ebenfalls nur beim ersten Aufruf definiert:

```
PRINT /D:LPT1 /Q:20
```

*Wild Cards erlaubt*

Soll eine Datei gedruckt werden, so definieren Sie einfach den betreffenden Dateinamen. Sie können Wild Cards verwenden und auch mehrere Dateinamen auf einmal angeben:

```
PRINT DEMO.TXT *.BAT
```

*Aktuelle Warteschlange anzeigen*

Geben Sie keine Parameter an, so wird Ihnen auf dem Bildschirm die aktuelle Warteschlange angezeigt. Wollen Sie eine bestimmte Datei aus der Warteschlange entfernen, geben Sie den Dateinamen der betreffenden Datei an, beginnen Sie die Liste der Dateinamen aber mit einem /C (für *Cancel*). Eine Option wirkt auf alle folgenden Dateinamen, nicht auf die vorangehenden. Im folgenden Beispiel wird die Datei CANCEL.TXT aus der Queue entfernt, während PRINT.TXT gedruckt wird:

```
PRINT /C CANCEL.TXT /P PRINT.TXT
```

*Alle Jobs abbrechen*

Wollen Sie alle aktuellen Dateien aus der Queue entfernen, verwenden Sie einfach die Option /T. Auch der aktuelle Druck-Job wird augenblicklich abgebrochen:

```
PRINT /T
```

# Schritt 10:

# Bildschirm, Tastatur und Zeichensätze

*MS-DOS kennt verschiedene Befehle, um Einfluß auf die aktuelle Bildschirmdarstellung zu nehmen. So werden sowohl verschiedene Bildschirm-Modi wie auch die länderspezifischen Zeichensatztabellen unterstützt.*

## Auswahl des Bildschirm-Modus

Mit Hilfe von MODE wählen Sie einen der von MS-DOS unterstützten Bildschirm-Modi aus. Im wesentlichen unterscheiden sich die Bildschirm-Modi in der Anzahl der dargestellten Zeichen pro Zeile sowie ob farbige oder nur monochrome Darstellung möglich ist.

| Parameter | Bedeutung |
|---|---|
| 40 oder BW40 | 40 Zeichen pro Zeile, monochrom |
| 80 oder BW80 | 80 Zeichen pro Zeile, monochrom |
| CO40 | 40 Zeichen pro Zeile, farbig |
| CO80 | 80 Zeichen pro Zeile, farbig |
| MONO | 80 Zeichen pro Zeile, monochrom (MDA) |
| JT80 | 80 Zeichen pro Zeile, japanisch |

Tabelle 10.1: Die von MODE unterstützten Bildschirm-Modi

Sie geben lediglich den Code für den gewünschten Bildschirm-Modus an, etwa CO80:

```
MODE CO80
```

Anschließend können Sie die Anzahl der darzustellenden Bildschirmzeilen definieren, entweder 25 Zeilen für die normale Darstellung sowie 43 bei EGA oder 50 bei VGA:

```
MODE CO80, 43
```

Die Anzahl der Spalten sowie die Anzahl der Bidlschirm-Zeilen läßt sich optional auch in deutlicherer Schreibweise bestimmen.

Durch die beiden Parameter COLS und LINES lassen sich die entsprechenden Werte für die Konsole (CON:) wie folgt explizit definieren:

```
MODE CON: COLS=80 LINES=50
```

## Die länderspezifischen Zeichensatztabellen

*Code Pages*

Durch die länderspezifischen Zeichensatztabellen, auch *Code Pages* genannt, stehen fünf verschiedene Zeichensatztabellen mit teilweise unterschiedlichen Sonderzeichen zur Verfügung. Ohne diese Code Pages wäre der Einsatz von PCs in Ländern wie beispielsweise Norwegen nicht sinnvoll möglich. In Deutschland kann man auf die Code Pages in der Regel jedoch verzichten, da alle deutschen Sonderzeichen (äöüß) im Standard-ASCII-Zeichensatz des PCs enthalten sind.

| Code Page | Zeichensatztabelle |
|-----------|-------------------|
| 437 | Standard-IBM-Zeichensatz (USA) |
| 850 | Mehrsprachig |
| 852 | Slawisch |
| 860 | Portugal |
| 863 | Frz. Kanada und Frankreich |
| 865 | Norwegen |

Tab. 10.2: Die Code Pages und ihre Bedeutung

Um mit Code Pages arbeiten zu können, muß Ihr Rechner mit einer EGA-, VGA- oder MCGA-Karte ausgestattet sein, ferner werden einige LCD-Bildschirme unterstützt. In der Konfigurationsdatei muß der DISPLAY-Treiber installiert worden sein. Anschließend rufen Sie einmal den NLSFUNC-Befehl auf, der die Code Pages auswählt:

```
NLSFUNC C:\DOS\COUNTRY.SYS
```

Anschließend können Sie mit Hilfe von CHCP die jeweils für alle Geräte aktive Code Page auswählen (siehe Tabelle 11.2), sofern diese in CONFIG.SYS vorbereitet wurde:

```
CHCP 850
```

Durch den MODE-Befehl können Sie die verschiedenen Code Pages für jedes Gerät (Bildschirm, Drucker, Tastatur) einzeln konfigurieren. Da die Ausführungen hierfür an dieser Stelle zu weit führen würden, sei auf das "Das MS-DOS 6 Buch" verwiesen.

## Textzeichen im Grafikmodus

Wollen Sie auch im Grafikmodus mit Textzeichen arbeiten, ist es bei manchen Programmen erforderlich, daß Sie zuvor mit GRAFTABL die ASCII-Zeichen ab 128 in einen dafür vorgesehenen Puffer ko-

*GRAFTABL*

listet Bild 2 in tabellarischer Form diese Syntax-Fehler auf. Anstatt beispielsweise unter dem Menüpunkt
```
Format Seite
Einrichten:
```
nach Anweisung aus dem Handbuch den Parameter
```
.Hoch/Quer
```

...satztabellen arbeiten und ...l vorbereitet haben (s.o.), ...mit welcher Code Page Sie ...

...richt...e 850 verwendet; wird kei-..., wie alle anderen MS-DOS-...le Page 437 aus, der

```
        falsch

AnsichtFeldfunktion              AnsichtFe...

FormatSeiteEinrichten:
.Hoch/Quer                       .Hoch_Que...

FormatTabulator:
.Position                            .Stelle

FormatTabulator:
.Ausrichten                       .HochQuer...

FormatZeichen:
.Punkte

FormatZeichen:                        .Punkt
.StrikeThrough
                               .StrikeOut
FormatZeichen:
.Strikeout
                               .Unterstreichen
```

...und vom Grafik-Bildschirm ...ten Sie - wenn das eingesetz-...eine eigene Hardcopy-Rou-...S-Befehl aufrufen. Durch

...zugeben, muß es korrekterweise
```
...och__Quer
```
...ten. Ohne die berichtigte Schreib-...ise wird das Makro nicht mit dem ...wünschten Effekt ablaufen.

*Karl Schlessmann* ∎

wohl die Anzeige- als auch die Druck-qualität. In der Praxis werden diese Schriften meist für Zeichen mit einer Größe über 14 Punkt benötigt. Aber dieser Zugewinn an Druckqualität hat natürlich seinen Preis. Werden in einem Dokument nur Truetype-Schrif-

*Drucker*

Und sollte an Ihrem Rechner ein Farbdrucker angeschlossen sein, dann verwenden Sie die Option COLOR. Die Bildschirmfarben werden in acht verschiedene Farben auf dem Drucker umgesetzt:

```
GRAPHICS COLOR
```

## Tastatur

*ANSI-Geräte-treiber*

Die Tastatur ist das wichtigste Eingabemedium des PCs. Mehrere verschiedene Funktionen stehen Ihnen zur Verfügung, um Einfluß auf die Tastaturbelegung zu nehmen. Mit Hilfe des ANSI-Geräte-treibers ist es sogar möglich, auf einzelne Tasten Zeichenketten oder sogar Kommandos zu legen, die dann auf Tastendruck ausge-führt werden.

### Die Tastaturbelegung

Standardmäßig unterstützt DOS lediglich US-amerikanische Ta-staturen, nicht nur das Y und das Z sind hier vertauscht. Der KEYB-Befehl erlaubt jedoch, eine von 17 verschiedenen Tastatur-belegungen auszuwählen. KEYB muß lediglich ein zweistelliger Code übergeben werden, der die Belegung der Tastatur spezifi-ziert.

| Land | Tast. | Code Pages |
|---|---|---|
| Belgien | be | 850, 437 |
| Brasilien | br | 850, 437 |
| Dänemark | dk | 850, 865 |
| Deutschland | gr | 850, 437 |
| Finnland | su | 850, 437 |
| Frankreich | fr | 850, 437 |
| Großbritannien | uk | 850, 437 |
| Italien | it | 850, 437 |
| Jugoslawien | yu | 852, 850 |
| Kanada (französisch) | cf | 850, 863 |
| Lateinamerika | la | 850, 437 |
| Niederlande | nl | 850, 437 |
| Norwegen | no | 850, 865 |
| Polen | pl | 852, 850 |

| Portugal | po | 850, 860 |
|---|---|---|
| Schweden | sv | 850, 437 |
| Schweiz (deutsch) | sg | 850, 437 |
| Schweiz (französisch) | sf | 850, 437 |
| Spanien | sp | 850, 437 |
| Tschechoslowakei (Slowakisch) | sl | 852, 850 |
| Tschechoslowakei (Tschechisch) | cz | 852, 850 |
| Ungarn | hu | 852, 850 |
| USA | us | 850, 437 |

Tab. 10.3: Die durch KEYB unterstützten Tastaturbelegungen

Wollen Sie mit der deutschen Tastaturbelegung arbeiten, dann ist folgendes Kommando erforderlich:

```
KEYB GR
```

KEYB erkennt automatisch, ob eine erweiterte oder einfache Tastatur angeschlossen ist. Eine erweiterte Tastatur erkennt man unter anderem an den zwölf Funktionstasten. Wollen Sie explizit definieren, daß eine erweiterte Tastatur angeschlossen ist, so geben Sie hinter dem Ländercode ein Pluszeichen an:

*Erweiterte oder einfache Tastatur*

```
KEYB GR+
```

Um explizit anzugeben, daß eine einfache Tastatur angeschlossen ist, definieren Sie ein Minuszeichen.

Optional können Sie auch eine länderspezifische Zeichensatztabelle angeben, mit der KEYB arbeiten soll (siehe auch Schritt 11). Sofern nichts anderes angegeben wurde, arbeitet KEYB mit der Code Page 437, also mit der Standard-ASCII-Tabelle. Bei CF wird Code Page 863, bei DK und NO Code Page 865 und bei PO Code Page 860 defaultmäßig verwendet.

## Die freie Tastaturbelegung

Sofern der Gerätetreiber ANSI.SYS installiert wurde, haben Sie die Möglichkeit, jede Taste auf Ihrer Tastatur frei zu belegen. Dabei ist es nicht nur möglich, etwa die Taste Ⓐ mit Ⓘ zu belegen, sondern mit einer ganzen Zeichenkette, was insbesondere bei den

Funktionstasten und den Tastenkombinationen mit ⬆ oder Alt sehr sinnvoll ist.

Um eine Taste umzuprogrammieren, wird das PROMPT-Kommando verwendet. PROMPT ist der einzige Befehl, mit dem die entsprechenden Steuerzeichen ohne viel Aufwand erzeugt werden können. Im wesentlichen muß folgende Syntax verwendet werden, will man eine Taste umprogrammieren:

```
PROMPT $E[Tastencode;Neuer Codep
```

Für *Tastencode* wird der Code der Taste angegeben, deren Belegung geändert werden soll. Unter *Neuer Code* wird der neue Code, also evtl. das oder die Zeichen in Anführungszeichen oder dezimal angegeben.

Sofern eine einfache Taste wie "A" oder "9" umbelegt werden soll, besteht der Code aus nur einer Ziffer. Bei den Funktionstasten sowie bei allen Tastenkombinationen mit Alt wird ein zweistelliger Code erzeugt, der durch eine Null eingeleitet wird. Wir wollen uns an dieser Stelle nur mit der Umbelegung von Funktionstasten beschäftigen, deren Tastencodes alle mit einer Null beginnen. Um etwa auf die Taste F7 den Befehl DIR zu legen, geben Sie ein:

```
PROMPT $E[0;65;"DIR "p
```

Wenn Sie nun F7 betätigen, erscheint der Befehl DIR auf dem Bildschirm. Sie können aber auch erreichen, daß der Befehl sofort ausgeführt wird. Dazu muß lediglich der letzte Code 13 (für ⏎) lauten:

```
PROMPT $E[0;65;"DIR "13p
```

Nun können Sie natürlich alle Funktionstasten, die Sie nicht benötigen, mit entsprechenden Zeichenketten und Funktionen belegen. Es empfiehlt sich jedoch, dazu eine entsprechende Batchdatei anzulegen, damit die Eingaben nicht jedesmal neu gemacht werden müssen, da diese natürlich nach dem Ausschalten des Geräts verloren sind. Bitte beachten Sie, daß in einer Batchdatei zur Umbelegung der Tastatur der Echo-Modus eingeschaltet sein muß, es darf also in der Batchdatei nicht ECHO OFF lauten. Nachdem alle Definitionen gemacht sind, muß das Standard-Systemprompt wieder definiert werden:

```
PROMPT $P$G
```

In einer Batchdatei können Sie den aktuellen Zustand des Prompts zwischenspeichern und nach getaner Arbeit wieder als Systemprompt zuweisen:

*Zwischenspeichern in Batchdatei*

```
SET OPROMPT=%PROMPT%

PROMPT Tastaturbelegung ...

SET PROMPT=%OPROMPT%

SET OPROMPT=
```

Nachfolgend noch eine Tabelle mit den Codes der Funktionstasten. Die Codes anderer Tasten und Tastenkombinationen entnehmen Sie bitte entsprechenden Tabellen oder fragen diese mit einem geeigneten Programm ab.

*Tastaturcodes*

| F.-Taste | Standard | ⇧ | Strg | Alt |
|---|---|---|---|---|
| F1 | 59 | 84 | 94 | 104 |
| F2 | 60 | 85 | 95 | 105 |
| F3 | 61 | 86 | 96 | 106 |
| F4 | 62 | 87 | 97 | 107 |
| F5 | 63 | 88 | 98 | 108 |
| F6 | 64 | 89 | 99 | 109 |
| F7 | 65 | 90 | 100 | 110 |
| F8 | 66 | 91 | 101 | 111 |
| F9 | 67 | 92 | 102 | 112 |
| F10 | 68 | 93 | 103 | 113 |
| F11 | 133 | 135 | 137 | 139 |
| F12 | 134 | 136 | 138 | 140 |

Tab. 10.4: Die Tastaturcodes der Funktionstasten

# Schritt 11:

# Datensicherheit

*MS-DOS 6 ist ein Betriebssystem für den PC, das von Hause aus über die technischen Möglichkeiten verfügt, eine versehentliche Formatierung oder Partitionierung rückgängig zu machen. Auch das sogenannte Entlöschen von Dateien ist möglich, die Restaurierung gelöschter Dateien. Aber auch Computerviren können Daten vernichten und damit großen Schaden anrichten. Mit Microsoft Anti-Virus können Sie bis zu 1300 verschiedene Computerviren ausfindig machen und entfernen.*

Mit UNFORMAT und UNDELETE stehen Ihnen die erforderlichen Befehle zur Verfügung, um versehentliche Formatierungen und Löschungen rückgängig zu machen. UNDELETE und Anti-Virus stehen Ihnen wahlweise als DOS- oder Windowsprogramm zur Verfügung.

*UNFORMAT, UNDELETE und Anti-Virus*

## UNFORMAT

Ist ein Datenträger erst einmal versehentlich formatiert worden oder läßt er sich aus anderen Gründen nicht mehr ansprechen, findet der UNFORMAT-Befehl Anwendung. MS-DOS erlaubt mit UNFORMAT, bei Bedarf eine versehentliche Formatierung rückgängig zu machen. Das muß allerdings möglichst früh geschehen. Je später UNFORMAT angewendet wird, um so unwahrscheinlicher wird es, daß wirklich alle Daten rekonstruiert werden können.

*Formatierung rückgängig*

```
UNFORMAT Laufwerk [/L][/P][/TEST]
```

| Option | Wirkung |
|---|---|
| *Laufwerk* | definiert das Laufwerk, das versehentlich formatiert worden ist und dessen Formatierung rückgängig gemacht werden soll. |
| /L | Listet alle Dateien und Verzeichnisse auf, die UNFORMAT finden kann. Wird gleichzeitig /PARTN angegeben, wird die aktuelle Partitionstabelle der Festplatte angezeigt. |

| | |
|---|---|
| /P | Alle Ausgaben erscheinen auch auf dem an der Schnittstelle PRN: angeschlossenen Drucker. |
| /TEST | Simuliert die Wiederherstellung der auf dem Datenträger ehemals gespeicherten Informationen. Eine Rekonstruktion findet nicht statt. |

Tab. 11.1: Die Optionen von UNFORMAT

# UNDELETE

*Voraussetzungen*

Es gibt verschiedene Voraussetzungen, die für eine erfolgreiche Rekonstruktion erfüllt sein müssen. Grundsätzlich sollte die Rekonstruktion einer gelöschten Datei so früh wie möglich versucht werden. Nur so läßt sich verhindern, daß die eigentlichen Informationen auf dem Datenträger überschrieben werden.

*Datei überschrieben*

Werden aber die ursprünglichen Sektoren einer gelöschten Datei wiederverwendet, was bald nach der Löschung geschieht, oder wurde der eigentliche Eintrag der gelöschten Datei im Verzeichnis durch einen neuen Eintrag überschrieben, verkompliziert sich der Rekonstruktionsprozeß und wird schließlich sogar unmöglich. Deswegen sollte UNDELETE auch so früh als möglich verwendet werden. Zur Wiederherstellung von gelöschten Dateien bietet UNDELETE drei verschiedene Schutzmechanismen, die kurz erläutert werden.

*Erstes Zeichen im Dateinamen*

## Löschüberwachung (Delete Sentry)

Diese Ebene bietet den größten Schutz und die beste Möglichkeit, eine Datei wiederherzustellen. In diesem Fall ist das Programm UNDELETE resident im Arbeitsspeicher geladen und überwacht alle Löschvorgänge von Dateien.

In einem versteckt angelegten Verzeichnis werden praktisch alle gelöschten Dateien erst einmal gesammelt, bevor sie endgültig gelöscht werden. UNDELETE verschiebt Ihre gelöschten Dateien also in dieses Verzeichnis.

*Automatische Löschüberwachung*

Um UNDELETE zu laden, geben Sie UNDELETE mit dem Schalter /S ein. Sie können den Befehl auch in die AUTOEX.BAT-Datei einbinden und haben automatisch die Löschüberwachung installiert.

## Löschprotokoll (Delete Tracker)

Bei der zweiten Methode erstellt UNDELETE intern eine Sicherheitskopie des System- und Verwaltungsbereiches des jeweiligen Datenträgers und gestattet dadurch im Schadensfall das Bearbeiten des Datenträgers durch UNDELETE. Dazu wird von UNDELETE eine sogenannte Bilddatei im Hauptverzeichnis des betreffenden Laufwerks eingerichtet. Die Datei PCTRACKER.DEL enthält eine Kopie aller wichtigen Datenträgerinformationen, etwa die FAT, das Hauptverzeichnis und eine Delete-Tracking-Tabelle. Die Delete-Tracking-Tabelle ist eine Art "Logbuch". In diesem Logbuch wird neben der Tatsache wann dies jeweils geschehen ist, beispielsweise auch das erste Zeichen des betroffenen Dateinamens gespeichert, das beim Löschen einer Datei bekanntlich immer verloren geht. Bei einer späteren Rekonstruktion der betreffenden Datei muß das erste Zeichen dann nicht durch den Anwender definiert werden. Darüber hinaus werden in der Delete-Tracking-Tabelle weitere Informationen gespeichert, die das Rekonstruieren einer gelöschten Datei vereinfachen.

*Die Bilddatei PCTRACKER.DEL*

## Standard

Dieser Modus bietet am wenigsten Schutz, steht Ihnen aber jederzeit ohne vorherige Vorsichtsmaßnahmen zur Verfügung. Sollten Sie eine Datei versehentlich gelöscht haben und merken es sofort, kann der Standardmodus auch noch zum Erfolg führen, wenn Sie sofort danach UNDELETE ohne Parameter einsetzen. Im letzteren Fall ist es erforderlich, ggf. das erste Zeichen des Dateinamens einzugeben, das beim Löschen automatisch verlorengeht. Steht jedoch eine Delete-Tracking-Tabelle zur Verfügung, ist die Eingabe des ersten Zeichens nicht erforderlich, da dieses hier abgelegt ist.

```
UNDELETE [/LIST|/ALL|/PURGE[:Laufwerk]|/STATUS|/LOAD|/
U|/S[:Laufwerk]|/TLaufwerk[-AnzEinträge]][/DT|/DS|/DOS]
```

| Option | Wirkung |
|---|---|
| Datei | definiert die Dateien, die durch UNDELETE - sofern möglich - wieder rekonstruiert werden sollen. |

| | |
|---|---|
| /LIST | Zeigt die Dateinamen aller rekonstruierbaren Dateien auf dem Bildschirm an. Eine Rekonstruktion findet dabei nicht statt. |
| /ALL | Versucht, alle gelöschten Dateien - sofern möglich - ohne Bestätigung wiederherzustellen. Dazu wird die Delete-Tracking-Tabelle verwendet, sofern diese vorhanden ist. |
| /DT | Verwendet ausschließlich die Delete-Tracking-Tabelle. Eine Bestätigung jeder Datei, die wiederhergestellt werden kann, ist erforderlich. |
| /DOS | Verwendet ausschließlich das MS-DOS-Verzeichnis. Eine Bestätigung jeder Datei, die wiederhergestellt werden kann, ist erforderlich. |
| /DS | Verwendet ausschließlich das Löschüberwachungsverzeichnis. Eine Bestätigung jeder Datei, die wiederhergestellt werden kann, ist erforderlich. |
| /LOAD | Lädt UNDELETE mit der Konfigurationsdatei UNDELETE.INI in den Arbeitsspeicher. |
| /UNLOAD | Löscht UNDELETE aus dem Arbeitsspeicher. |
| /PURGE | Löscht den Inhalt des Löschüberwachungsverzeichnisses endgültig. |
| /STATUS | Gibt den aktiven Schutzmechanismus für jedes Verzeichnis an. |
| /S | Lädt den Schutzmechanismus LÖSCHÜBERWACHUNGSVERZEICHNIS von UNDELETE in den Arbeitsspeicher. |
| /TC | Lädt den Schutzmechanismus DELETE TRACKER von UNDELETE in den Arbeitsspeicher. |

Tab. 11.2: Die Optionen von UNDELETE


## Einsatz der Hilfsmittel

*UNFORMAT*

Die Rekonstruktion eines versehentlich formatierten oder anderweitig beschädigten Datenträgers ist mit UNFORMAT jederzeit möglich. UNFORMAT erkennt automatisch, sofern keine Optionen angegeben werden, ob eine Bilddatei vorhanden ist oder nicht.

Um eine Formatierung aufzuheben, geben Sie lediglich die Kennung des Laufwerks an:

```
UNFORMAT A:
```

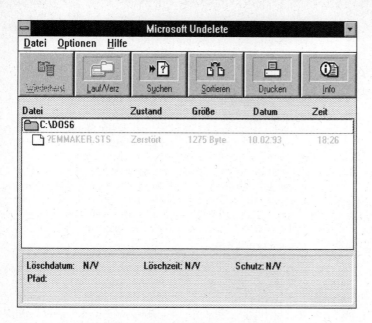

Abb. 11.1: UNDELETE (MWUNDEL.EXE) unter Windows

Wollen Sie mit Hilfe von UNDELETE eine Delete-Tracking-Tabelle: sprich Bilddatei, einrichten, verwenden Sie die Option /TC. UNDELETE installiert dann die für die Verwaltung der Delete-Tracking-Tabelle erforderliche Routine resident im Arbeitsspeicher des Rechners. Sie benötigt rund 13,5 KByte Speicherkapazität. Ist genügend Upper Memory vorhanden, das durch die Anweisung DOS=UMB in der Konfigurationsdatei auch durch DOS genutzt werden kann, installiert UNDELETE die Routine dort, so daß der konventionelle Speicher um nicht ein Byte reduziert wird.

Soll beispielsweise eine Delete-Tracking-Tabelle für die Festplatte C: eingerichtet werden, verwenden Sie folgende Anweisung:

```
UNDELETE /tc
```

Der folgende Befehl richtet auf dem Laufwerk C: die Löschüberwachung mit dem versteckten Verzeichnis SENTRY ein, in das alle zu löschenden Dateien zunächst verschoben werden:

*Löschüberwachung einrichten*

```
UNDELETE /s
```

Um eine versehentlich gelöschte Datei zu rekonstruieren, verwenden Sie die UNDELETE-Anweisung. UNDELETE ist weitgehend automatisiert. Sie geben lediglich den Dateinamen der Dateien an, die Sie rekonstruieren wollen. Wird kein Dateiname angegeben, zeigt UNDELETE alle wiederherstellbaren Dateien am Bildschirm an. Sie können dann im Einzelfall bestimmen, welche Dateien zurückkopiert werden sollen und welche nicht.

Grundsätzlich versucht UNDELETE, gelöschte Dateien mit der höchsten Sicherheitsstufe wiederherstellen. Haben Sie die Löschüberwachung installiert oder steht eine Delete-Tracking-Tabelle zur Verfügung, kann nicht nur das erste Zeichen des Dateinamens aus dieser Tabelle entnommen werden, sondern auch zahlreiche weitere Informationen, die für das erfolgreiche Zurückkopieren notwendig sind. Fehlt die Löschüberwachung oder die Delete-Tracking-Tabelle, ist das Entlöschen eventuell nicht möglich.

Starten Sie UNDELETE ohne Parameter, erscheint zunächst eine Übersicht über alle zur Zeit gelöschten Dateien auf dem Bildschirm. Anschließend erscheint der Dateiname jeder einzelnen rekonstruierbaren Datei auf dem Bildschirm. Sie können dann entscheiden, ob die jeweilige Datei wiederhergestellt werden soll oder nicht.

Findet UNDELETE eine Delete-Tracking-Tabelle, so wird diese automatisch verwendet. Sollten Sie keine Option bei Aufruf von UNDELETE verwendet haben, werden ausschließlich Dateien entlöscht, die in der Delete-Tracking-Tabelle aufgeführt wurden. Wollen Sie auch Dateien entlöschen, die *nicht* in der Delete-Tracking-Tabelle aufgeführt sind, müssen Sie die Option /ALL oder /DOS verwenden. Existiert allerdings keine Delete-Tracking-Tabelle, werden auch *ohne* die entsprechenden Optionen im DOS-Verzeichnis als gelöscht markierte Dateien entlöscht.

Wollen Sie beispielsweise alle Dateien mit der Kennung .TXT rekonstruieren, so verwenden Sie folgende Anweisung:

```
UNDELETE *.TXT
```

## Anti-Virus

Das Programm Anti-Virus versucht, wie der Name schon sagt, Computerviren auf Ihrem Computer ausfindig zu machen und zu entfernen. Computerviren haben sich in den letzten Jahren stark vermehrt und richten immer wieder Schaden an. Es handelt sich dabei um die unterschiedlichsten Programme, die einen destruktiven Charakter haben. Sei es, das sie sich im Arbeitsspeicher einnisten oder sich an Programmdateien anhängen, irgendwann schlagen Sie zu und zerstören Dateien.

Computerviren können Sie sich auf die unterschiedlichste Art und Weise einfangen. Anwender, die gerne in öffentlichen Mailboxen rumschnuppern und Dateien runterladen, oder der einfache Computerspieltausch auf dem Schulhof hat so manchen Computervirus weitergeschleppt. Den beste Schutz vor Computerviren haben Sie, wenn Sie jede Software, die Sie erstmalig auf Ihrem Computer installieren, auf Viren untersuchen. Dies gilt nicht nur für dubiose Raubkopien.

Anti-Virus erkennt zur Zeit über 1000 bekannte Computerviren. Sie können dabei zwischen einer DOS- oder einer Windowsversion auswählen. Zum Aufruf der DOS-Version geben Sie einfach den Befehl

MSAV

ein. Das Windows-Programm MWAV.EXE rufen Sie einfach über den Dateimanager auf. Da beide Versionen die gleichen Befehle beinhalten, soll nur die DOS-Version beschrieben werden. Anti-Virus bietet Ihnen aber auch auf der DOS-Ebene eine eigene Benutzeroberfläche, von der aus Sie komfortabel Befehle aufrufen können.

## Startup-Diskette erstellen

Bevor allerdings ein Virus Ihren Rechner befällt, sollten Sie eine virenfreie Startup-Diskette erstellen, von der aus Sie den Rechner booten können, und auf der sich Anti-Virus befindet.

Sie sollten dies tun, bevor es zu spät ist. Nur so haben Sie die Gewähr, daß Ihr Rechner zu 100% von einem Virus befreit werden kann.

1. Legen Sie eine Diskette in Laufwerk A: ein, und rufen Sie den Befehl FORMAT A: /S auf.

2. Kopieren Sie anschließend aus Ihrem DOS-Verzeichnis alle Anti-Virusdateien auf Laufwerk A:, indem Sie COPY MSAV*.* A: eingeben.

## Viren suchen und zerstören

Anti-Virus besitzt zwei Vorgehensweisen bei der Virenbekämpfung. Bei der ersten Methode wird nur nach Viren gesucht, wohingegen die zweite Methode Viren sucht und gleichzeitig versucht, sie zu zerstören. In den folgenden Schritten erfahren Sie die Vorgehensweise unter der DOS-Version:

1. Staren Sie Anti-Virus mit der Eingabe MSAV.

2. In dem Hauptmenü wählen Sie mit Hilfe der Cursortasten den Befehl NEUES LAUFWERK WÄHLEN.

3. Am oberen Bildschirmrand erscheint dann eine Laufwerksleiste, aus der Sie das gewünschte Laufwerk auswählen können.

4. Drücken Sie ⏎, liest Anti-Virus Dateiinformationen des Laufwerks ein.

5. Wählen Sie anschließend den Befehl ERKENNUNG & BESEITIGUNG. Zuerst durchsucht Anti-Virus den Arbeitsspeicher und anschließend alle Dateien des Laufwerkes.

6. Findet Anti-Virus einen Virus, ertönt ein akustisches Signal und warnt Sie in einer Dialogbox vor dem jeweiligen Virus. Oft kann es sich aber auch nur um einen Prüfsummenfehler handeln. Haben Sie zum Beispiel Ihre CONFIG.SYS-Datei verändert, schlägt Anti-Virus ebenfalls Alarm, weil es eine Veränderung in der Dateilänge festgestellt hat. Im Falle eines Virus wählen Sie dagegen den Befehl LÖSCHEN.

7. Zum Schluß gibt Anti-Virus eine Statusmeldung über eventuell gefundenen Viren aus. Beenden können Sie Anti-Virus dann über die Taste Esc.

# Schritt 12:

# Sicherheitskopien

*Sicherheitskopien, auch Backups genannt, erstellen Sie mit dem neuen Sicherungsprogramm MSBACKUP. Der Vorteil von MSBACK-UP ist, daß auch Dateien kopiert werden können, die größer als die Speicherkapazität der Zieldiskette sind. MSBACKUP numeriert die verschiedenen Zieldisketten automatisch durch. Durch MSBACKUP erstellte Sicherheitskopien können ebenfalls mit MSBACKUP wieder zurückkopiert werden. Über eine hervorragende Benutzeroberfläche steuern Sie jetzt das Sichern oder Zurückkopieren Ihrer Daten. Für Windows-User steht die selbe Benutzerführung zur Verfügung.*

Microsoft hat der in der Version 6 den klassischen BACKUP-Befehl durch das Programm MSBACKUP ersetzt, das nun eine komfortable Benutzeroberfläche aufweisen kann. Einigen Anwendern wird die Oberfläche bekannt sein. Es handelt sich um eine verkleinerte Version von Central Point Backup. MSBACKUP wird sowohl als DOS- als auch als Windowsversion mitgeliefert. Sie können nun also komfortabel Ihre Backups auch unter Windows vornehmen.

Diejenigen, die unter älteren DOS-Versionen mit BACKUP gearbeitet haben, können mit dem Befehl RESTORE Ihre Sicherheitskopien auch unter DOS 6 noch zurückkopieren. Es gibt also keine Kompatibilitätsprobleme.

MSBACKUP hat nun den Vorteil, daß Sie unterschiedliche Backuptypen auswählen können. Auch das Zurückkopieren Ihrer Sicherheitskopien geschieht unter dem Programm MSBACKUP. Die DOS-Version unterscheidet sich von der Anordnug der Menüs und der Befehle kaum von der Windowsversion. Fast alle Erklärungen lassen sich somit auch auf die Windowsversion übertragen.

*Unterschiedliche Backupty-pen*

## Datensicherung mit MSBACKUP

Zur Sicherung Ihrer Daten starten Sie das Backup-Programm durch die Eingabe von MSBACKUP.EXE. Unter Windows rufen Sie bitte das Programm MWBACKUP.EXE auf.

## Kompatibilitätstest

Beim erstmaligen Aufrufen werden Sie direkt mit einem Kompatibilitätstest konfrontiert. Dieser Test macht nichts anderes als MSBACKUP an Ihre Hardware anzupassen. Dabei werden zum Beispiel Ihre Laufwerkskonfigurationen abgefragt. Dieser Test läuft vollautomatisch und fordert von Ihnen lediglich ein Probebackup, bei dem Sie zwei Disketten bereitlegen müssen. Sie können diesen Test auch übergehen oder später nocheinmal durchführen lassen. Für ein umfangreiches Backup sollten Sie diesen Test aber durchaus einmal laufen lassen.

## Sicherung starten

Nachdem Sie den Test durchgeführt oder übersprungen haben, gelangen Sie in den Hauptbildschirm von MSBACKUP. Hier haben Sie die Auswahl zwischen den Programmen *Backup* oder *Restore*. *Compare* dient lediglich zum Vergleich von Sichersheitskopien und Ihrem Original. Zur Konfiguration und zum Aufruf des Kompatibilitätstest dient der vierte Befehl *Konfiguration*.

Die Auswahlbuttons erreichen Sie entweder mit den Cursortasten oder mit der Taste ⑤. Anschließend drücken Sie ↵. Wählen Sie also für die Datensicherung den Befehl *Backup*.

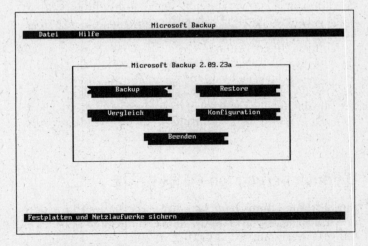

Abb. 12.1: Backup nach dem Start

Auch in diesem Dialogfenster bewegen Sie sich überwiegend mit den Cursortasten. Mit der Maus geht es unter Windows einfacher. Noch einfacher ist es, die hell unterlegten Buchstaben einer jeden Option zu drücken. Diese Methode führt einen Befehl sofort aus.

Die erste Option dient zur Sicherung etwaiger Einstellungen. Diese werden dann in einer separaten Setup-Datei gespeichert. Über das Menü Datei, das Sie mit Tastenkombination [Alt][D] öffnen, können Sie eine Setupeinstellung speichern oder abrufen. Zur Sicherung führen Sie folgende Schritte durch:

1. Zuerst wählen Sie das Laufwerk aus, von dem die Dateien gesichert werden sollen. Haben Sie ein Laufwerk markiert, wechseln Sie mit den Cursortasten auf die Option *Backup auf:*

2. Drücken Sie dann [↵], werden Ihnen in einer Dialogbox alle verfügbaren Laufwerke für eine Datensicherung angezeigt.

3. Wieder wählen Sie mit den Cursortasten ein Laufwerk, aus und markieren es mit der Taste [⎵]. Bestätigen Sie dann mit [↵].

4. Den eigentlichen Sicherungsvorgang starten Sie anschließend mit dem Befehl *Backup starten*.

5. Daraufhin erscheint die Aufforderung, die erste Diskette für die Sicherheitskopie einzulegen. Legen Sie eine leere Diskette ein, und drücken Sie *Fortsetzen*. Ist die erste Diskette voll, fordert Sie MSBACKUP auf, die nächste Diskette einzulegen.

Wie Sie vielleicht gemerkt haben, bietet Ihnen MSBACKUP ein komfortables Fenster, aus dem Sie wichtige Informationen über den Umfang Ihres Backups entnehmen können. Neben der geschätzten benötigten Diskettenanzahl wird auch der eventuelle Zeitraum berechnet. Links daneben erhalten Sie Angaben zum Diskettenzugriff sowie eine grafische Darstellung, die das Beschreiben der einzelnen Spuren auf der Diskette anzeigt. Im oberen Fenster können Sie dann ganz genau verfolgen, welche Verzeichnisse und Dateien gerade gesichert werden.

### Dateien auswählen

Haben Sie über MSBACKUP ein Laufwerk ausgewählt, wird default das gesamte Laufwerk mit allen Verzeichnissen und Dateien gesichert. Zur selektiven Sicherung von Dateien und Verzeichnissen wählen Sie bitte die Option *Dateien auswählen*.

*Sicherung eingrenzen*

1. In der Dialogbox *Backup-Dateien auswählen* werden Ihnen in einem Fenster alle Verzeichnisse und Dateien angezeigt. Zunächst sind alle Dateien markiert. Dies erkennen Sie durch ein Häckchen links vom Dateien- bzw. vom Verzeichnisnamen.

2. Mit Hilfe der Cursortasten wechseln Sie zwischen Verzeichnis- und Dateifenster. Markieren Sie eine gewünschte Datei und drücken Sie dann die Taste ⬚. Die Leertaste oder die rechte Maustaste dienen praktisch als Schalter zur Auswahl der Dateien, die gesichert werden sollen.

3. Möchten Sie zuerst alle Dateien von der Sicherung ausschließen, wählen Sie über die Tastenkombination [Alt] [E] den Befehl *Exklusive*, den Sie in der unteren Befehlsleiste finden. In einer Dialogbox können Sie dann den Pfad, die Datei und die Miteinbeziehung aller Unterverzeichnisse bestimmen. Standardmäßig werden alle Dateien und Verzeichnisse ausgeschlossen. Drücken Sie anschließend [↵].

4. Umgekehrt können über den Befehl *Inklusive* alle Dateien und Verzeichnisse markiert werden. Haben Sie eine bestimmte Auswahl an Verzeichnissen und Dateien getroffen, sichern Sie Ihr Backupeinstellungen mit [↵].

5. Sie gelangen dann in den Hauptbildschirm von Backup. Starten Sie nun Ihr Backup wie gewohnt mit dem Befehl *Backup starten*.

*Bestimmte Dateien auswählen*

Ferner können Sie über die Dialogbox *Backup-Dateien auswählen* einige bestimmte Dateien wie zum Beispiel Systemdateien, von der Sicherung ausschließen. Über den Befehl *Spezial* wählen Sie den Dateityp aus, der von vornherein nicht mitgesichert werden soll.

Sie haben sogar die Möglichkeit die Dateisicherung auf eine bestimmten Datumsbereich zu beschränken. Es werden dann nur die Dateien gesichert, deren Erstellungsdatum in diesem definierten Bereich liegt. Die Option *Anzeige* dient lediglich zur Änderung der Sortierreihenfolge der Dateien. Hier haben Sie die Auswahl zwischen mehreren Sortiermöglichkeiten wie Name, Typ, Größe oder auch nach Dateiendung.

## Backup-Typ bestimmen

Ganz interessant ist sicherlich die Bestimmung des Backuptyps, den Sie im Backupbildschirm über den Befehl *Backup-Typ* bestimmen. Es stehen Ihnen insgesamt drei Backup-Typen zur Verfügung. Standardmäßig geht MSBACKUP immer von einem Gesamt-Backup aus. Folgende Typen bietet MSBACKUP:

| Typ | Funktion |
| --- | --- |
| Gesamt | sichert die Dateien der gesamten Festplatte. |
| Zuwachs | sichert nur die Dateien, die seit dem letzten. Gesamt-Backup hinzugekommen sind. |
| Differential | sichert nur die Dateien, die sich seit dem letzten Gesamt-Backup verändert haben. |

Tab. 12.1: Backuptypen

Etwas zur Vorgehensweise bei Backups. Zuerst sollten Sie beim erstmaligen Einsatz von MSBACKUP ein Gesamt-Backup machen. Anschließend sollten Sie sich entweder für ein Zuwachs- - auch Incremental-Backup genannt - oder ein Differential-Bakkup entscheiden. Dies spart Zeit und Disketten.

*Incremental-Backup oder Differential-Backup?*

Arbeiten Sie zum Beispiel immer mit den gleichen Dateien, sollten Sie regelmäßig ein Differential-Backup durchführen. Erstellen Sie dagegen ständig neue Dateien, sollten Sie eher den Backuptyp *Zuwachs* wählen.

### Optionen

Über Optionen haben Sie unterschiedliche Einstellungsmöglichkeiten für die Durchführung des Backupvorganges. So kann zum Beispiel bestimmt werden, ob während der Sicherung die Backupdaten noch einmal mit dem Original verglichen werden sollen. Andere Optionen erlauben das Formatieren der Backupdiskette, bevor sie beschrieben wird. Weiterhin können Sie Ihren Backupsatz durch ein Kennwort schützen oder ein akustisches Signal für den Diskettenwechsel einstellen.

*Einstellungsmöglichkeiten für den Backupdurchgang*

# Dateien zurückkopieren mit MSBACKUP

Das Zurückkopieren von Sicherheitskopien mit MSBACKUP ist denkbar einfach. In vorläufigen DOS-Versionen übernahm diese Aufgabe der Restore-Befehl. Dieser kann aber MSBACKUP-Datei-

Schritt 12

**93**

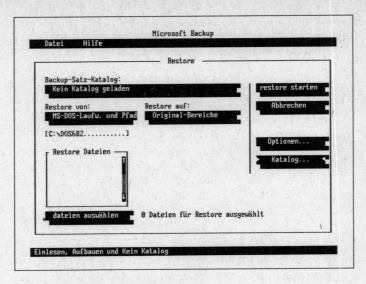

```
                        Microsoft Backup
   ┌─────────────────────────────────────────────────────────────┐
   │ Datei    Hilfe                                                │
   │ ┌──────────────────────── Restore ──────────────────────────┐│
   │ │ Backup-Satz-Katalog:                    ┌────────────────┐ ││
   │ │ ┌────────────────────────────────────┐  │ restore starten│ ││
   │ │ │ Kein Katalog geladen               │  └────────────────┘ ││
   │ │ └────────────────────────────────────┘  ┌────────────────┐ ││
   │ │                                         │   Abbrechen     │ ││
   │ │ Restore von:        Restore auf:        └────────────────┘ ││
   │ │ ┌─────────────────┐ ┌─────────────────┐                    ││
   │ │ │MS-DOS-Laufw. und Pfad│ │Original-Bereiche│               ││
   │ │ └─────────────────┘ └─────────────────┘                    ││
   │ │ [C:\DOS6B2..........]                   ┌────────────────┐ ││
   │ │                                         │  Optionen...    │ ││
   │ │ ┌─ Restore Dateien ─┐                   └────────────────┘ ││
   │ │ │                  █│                   ┌────────────────┐ ││
   │ │ │                  │                    │  Katalog...     │ ││
   │ │ │                  │                    └────────────────┘ ││
   │ │ │                  │                                       ││
   │ │ │                  █│                                       ││
   │ │ └──────────────────┘                                       ││
   │ │ ┌──────────────────┐  0 Dateien für Restore ausgewählt     ││
   │ │ │ dateien auswählen │                                      ││
   │ │ └──────────────────┘                                       ││
   │ └────────────────────────────────────────────────────────────┘│
   │ Einlesen, Aufbauen und Kein Katalog                           │
   └─────────────────────────────────────────────────────────────┘
```

Abb. 12.2: Restore unter MSBACKUP

en nicht lesen. Zum Zurückkopieren rufen Sie wieder einfach MS-BACKUP auf oder unter Windows das Programm MWBACKUP. Wenn das Hauptmenü erscheint, tun Sie folgendes:

1. Wählen Sie den Befehl *Restore*. Anschließend müssen Sie einen Backup-Satz-Katalog auswählen. Markiert wird dieser mit der Taste ⊂───⊃.

*Backup-Satz-Katalog*

Bei diesem Backup-Satz-Katalog handelt es sich um eine Art Protokoll, das MSBACKUP während der Sicherung Ihrer Daten anlegt. In ihm sind alle benötigten Daten wie Verzeichnisstruktur, Dateinamen mit Attributen, Umfang des Backups sowie Erstellungsdatum enthalten. Alle Informationen werden in einer Katalog-Datei gespeichert. Die Datei wird Ihnen dann mit Namen in der Auswahlliste angezeigt. Über den Befehl Katalog können Sie noch weitere Katalogdateien laden.

2. In der Option *Restore von:* wählen Sie dann das Laufwerk aus, von dem aus Ihre Daten zurückgespeichert werden sollen. Darunter wählen Sie über *Restore Dateien* die Dateien aus, die zurückgespeichert werden sollen. Wenn Sie dann ⊂───⊃ drücken, werden alle Dateien des ausgewählten Katalogs zurückgespeichert.

3. Sollen nur bestimmte Dateien ausgewählt werden, können Sie über *Dateien auswählen* ein Verzeichnis- und Dateifenster aufrufen, das alle Dateien des Katalogs wiedergibt. Zur Auswahl benutzen Sie wie unter Backup die Taste  oder die rechte Maustaste als Schalter zur Auswahl von Verzeichnissen und Dateien. Haben Sie zum Beispiel nur 7 Dateien gesichert, stellt Ihnen der Backup-Satz-Katalog auch nur 7 Dateien zur Rekonstruktion zur Verfügung.

4. Nachdem Sie eine bestimmte Anzahl von Dateien ausgewählt haben, müssen Sie nun noch das Ziellaufwerk bestimmen. Die Option *Restore auf:* bietet drei Möglichkeiten zur Auswahl, die Sie ebenfalls mit der Taste  markieren. Wählen Sie *Original-Bereiche*, werden Ihre Dateien auf das Ursprungslaufwerk zurückkopiert. Andernfalls bieten die beiden anderen Optionen die Möglichkeit, Ihre Backup-Dateien auf ein anderes Laufwerk oder Verzeichnis zurückzukopieren.

5. Jetzt kann es eigentlich losgehen, und Sie kopieren Ihre Dateien über den Befehl *Restore starten* zurück. Auch hier wird Ihnen wie beim Backup-Vorgang genau angezeigt, welche Dateien gerade zurückgespielt werden. Zusätzlich haben Sie ein Infofenster mit Angaben über den Backup-Umfang und der geschätzten Zeit für das Zurückkopieren Ihrer Daten.

## Das Rückkopieren von DOS X.X-Sicherheitskopien mit RESTORE

Mit Hilfe von RESTORE kopieren Sie durch BACKUP erstellte Sicherheitskopien wieder zurück, die Sie vielleicht einmal mit einer älteren DOS-Version angelegt haben. RESTORE kennt die Numerierung der BACKUP-Disketten und fordert ggf. zum Einlegen entsprechender Disketten auf. RESTORE kopiert Dateien grundsätzlich in das identische Verzeichnis zurück. Eine Datei aus dem Verzeichnis \ALFA kann beispielsweise niemals nach \BETA kopiert werden!

*Backups unter DOS 3.X, 4.0 und 5.0*

```
RESTORE [/?] Quelle Ziel [Optionen]
```

| Option | Wirkung |
|---|---|
| /A:*Datum* | Überschreibt nur Dateien, die nach *Datum* erstellt oder verändert wurden. |

| | |
|---|---|
| /B:*Datum* | Überschreibt nur Dateien, die vor oder an *Datum* erstellt oder verändert wurden. |
| /E:*Zeit* | Überschreibt nur Dateien, die vor *Zeit* erstellt oder verändert wurden. |
| /? | Zeigt die Hilfeseite an. |
| /M | Überschreibt nur die Dateien, die seit der letzten Sicherheitskopien erstellt oder verändert wurden. |
| /N | Kopiert nur die Dateien, die im Ziel nicht oder nicht mehr existieren. |
| /P | Erfordert Bestätigung bei nur lesbaren oder versteckten Dateien bzw. wenn die Zieldatei neuer als die Quelldatei ist. |
| /S | Unterverzeichnisse werden einbezogen. |
| /L:*Zeit* | Überschreibt nur Dateien, die nach *Zeit* erstellt oder verändert wurden. |
| D/ | Listet gesicherte Dateien auf. |

Tab. 12.2: Die Syntax und Optionen von RESTORE

Sollen beispielsweise alle TXT-Dateien auf die Festplatte kopiert werden, die seit der letzten Sicherheitskopie gelöscht wurden, geben Sie ein:

```
RESTORE A: C:\*.TXT /S /N
```

Haben Sie beispielsweise am 1.8.1990 einen Fehler gemacht und wollen alle Dateien ersetzen, die an oder nach diesem Tag erstellt oder verändert wurden, geben Sie ein:

```
RESTORE A: C:\*.* /S /A:1.8.1990
```

# Schritt 13:

# Drucker

An einem PC können mehrere Drucker gleichzeitig angeschlossen werden. Bis zu drei parallele und bis zu vier serielle Schnittstellen stehen maximal zur Verfügung. An den parallelen Schnittstellen werden in der Regel nur Drucker angeschlossen, an den seriellen Schnittstellen lassen sich auch Modems, Mäuse und andere Geräte anschließen.

*Serielle und parallele Schnittstellen*

Jeder Drucker erhält einen Namen. Besser muß man sagen: Jede Schnittstelle, an der ein Drucker angeschlossen sein kann, erhält einen Namen. Die erste parallele Schnittstelle heißt LPT1: oder PRN:, die dritte LPT3:. Die erste serielle Schnittstelle ist COM1: oder AUX:, die letzte COM4:.

*Gerätenamen*

## Serielle Drucker

Die Verwendung von Druckern, die an einer seriellen Schnittstelle des Rechners angeschlossen sind, unterscheidet sich in einigen Details von an der parallelen Schnittstelle angeschlossenen Geräten.

### Das Initialisieren

Wenn Sie einen seriellen Drucker betreiben wollen, etwa einen Laserdrucker, so ist MS-DOS auf die Verwendung des Druckers vorzubereiten. Zunächst sind die entsprechenden Übertragungsparameter der Schnittstelle zu programmieren, in der Regel ist dies durch:

*Laserdrucker*

```
MODE COM1: 9600,n,8,1,p
```

zu erreichen. Der erste Parameter definiert die *Baudrate*, das ist die Datenübertragungsrate in Bits pro Sekunde. Möglich sind 110, 150, 300, 600, 1200, 2400, 4800, 9600 und 19200 Baud. Hiernach definiert man die *Parität*, welche N, O oder E lauten kann (None=keine, Odd=ungerade und Even=gerade). Danach gibt man die Anzahl der *Datenbits* (7 oder 8) sowie der *Stoppbits*

(1 oder 2) an. Wird am Schluß noch ein P definiert, werden Zeit-
fehler ignoriert. Die allgemeine Befehlssyntax zur Initialisierung
lautet somit:

```
MODE COMn:   Baud[,Parität[,Datenbits
[,Stoppbits]]][,P]
```

### Umleiten einer seriellen Schnittstelle

Eine serielle Schnittstelle kann logisch auf eine freie parallele
Schnittstelle umgeleitet werden, damit auch Programme, die serielle Schnittstellen nicht unterstützen, mit diesen Druckern arbeiten können. Sie geben lediglich den Namen der parallelen und
der seriellen Schnittstelle an, etwa:

```
MODE LPT1:=COM1:
```

*Umleitung*
*aufheben*

In diesem Fall wurde die serielle Schnittstelle COM1: auf die erste parallele LPT1: umgeleitet. Man kann den Drucker an COM1:
nun auch über PRN: ansprechen. Wollen Sie eine solche Zuordnung wieder aufheben, geben Sie ein:

```
MODE LPT1
```

# Kopie des Bildschirminhaltes

*Hardcopy*

Eine Bildschirm-Hardcopy, also den Ausdruck des aktuellen Bild-
schirminhaltes, erhalten Sie jederzeit durch Betätigen der Tastenkombination ⌨Druck oder ⇧ Druck, je nach Tastatur. Es ist jedoch
zu berücksichtigen, daß nicht jeder Drucker alle IBM-Sonder-
zeichen beherrscht und deswegen der Ausdruck nicht immer dem
Bildschirminhalt entspricht. Auch Sonderzeichen wie "Ä" oder "ß"
sind häufig auf einer Hardcopy nicht wiederzuerkennen. Konsul-
tieren Sie in diesem Fall Ihr Druckerhandbuch oder geeignete Li-
teratur. Beachten Sie bitte, daß insbesondere Laserdrucker in der
Regel nicht zur Erstellung von Hardcopys herangezogen werden
können, es sei denn, Sie verfügen über entsprechende Treiberpro-
gramme für Ihren Drucker.

# Der Editor

*Microsoft liefert MS-DOS 6 zusammen mit einem komfortablen Ganzseiten-Editor aus: EDIT. Jeder, der schon einmal mit einer Programmiersprache aus der Quick-Familie gearbeitet hat, wird mit dem Editor sofort zurechtkommen, ist doch die Bedienung der Quick-Editoren mit der von EDIT nahezu identisch.*

Mit Hilfe von EDIT können ausschließlich ASCII-Dateien editiert werden, also sogenannte Textdateien, die ausschließlich reinen Text beinhalten. Binärdateien lassen sich mit EDIT nicht bearbeiten. Nur eine Datei kann jeweils auf einmal bearbeitet werden. Der Bedienungskomfort von EDIT läßt sich ohne Frage nicht mit dem einer professionellen Textverarbeitung vergleichen. Viele Funktionen stehen nicht nur über Pull-Down-Menüs, sondern auch über verschiedene Tastenkombinationen zur Verfügung (siehe Ende dieses Schritts).

*Nur Textdateien*

Sie können den Namen der Datei, die Sie bearbeiten wollen, bereits bei Aufruf des Editors angeben. In dem Fall überprüft EDIT, ob die angegebene Datei bereits existiert und lädt sie ggf. in den Arbeitsspeicher ein. Starten Sie EDIT beispielsweise durch die Anweisung:

*Bearbeiten einer Datei*

```
EDIT \AUTOEXEC.BAT
```

wird die im Hauptverzeichnis befindliche Datei AUTOEXEC.BAT geladen. Sie können unmittelbar mit der Bearbeitung der Datei beginnen. Der Cursor zeigt auf das erste Zeichen in der Datei.

Sollte die Datei noch nicht existieren, stört das EDIT auch nicht weiter. Der Editor wird in diesem Fall dennoch gestartet und der Arbeitsspeicher gelöscht. Sie haben anschließend die Möglichkeit, die neue Datei einzugeben. EDIT merkt sich allerdings den beim Aufruf angegebenen Dateinamen und verwendet ihn ggf. beim Speichern, sofern Sie keinen anderen Dateinamen spezifizieren. Natürlich können Sie auch nachträglich eine andere Datei laden, etwa, wenn sich beim Dateinamen Fehler eingeschlichen haben sollten.

*Datei existiert noch nicht*

Sollten Sie EDIT ohne einen Dateinamen starten, erscheint unmittelbar nach dem Start eine Dialogbox auf dem Bildschirm.

*Ohne Dateiname starten*

*[handschriftliche Notiz:]* Fehler:
EDIT startet nicht, Cursor blinkt ⇒
QBASIC.INI löschen !

| Taste(n) | Bedeutung |
|---|---|
| Alt | Pull-Down-Menüs adressieren |
| Alt F1 | Letzte Hilfe anzeigen |
| ⟵ | Zeichen links vom Cursor löschen |
| Bild ↑ | Eine Seite nach oben blättern |
| Bild ↓ | Eine Seite nach unten blättern |
| ←↑→↓ | Cursorbewegungen |
| Einfg | Überschreib- oder Einfügemodus wählen |
| Ende | Cursor auf letztes Zeichen in aktueller Zeile |
| Entf | Zeichen/markierten Bereich löschen |
| Esc | Eingabe oder Befehl abbrechen |
| F1 | Hilfe aktivieren |
| F3 | Weitersuchen |
| Pos 1 | Cursor auf erstes Zeichen in aktueller Zeile |
| Strg → | Beginn des vorangehenden Wortes |
| Strg ← | Beginn des nächsten Wortes |
| Strg ↵ | Beginn nächste Zeile |
| Strg Ende | Textende |
| Strg Pos 1 | Textanfang |
| Strg Q E | Oberer Fensterrand |
| Strg Q F | Suchfunktion aktivieren |
| Strg Q X | Unterer Fensterrand |
| Strg Q Z | Bis Zeilenende ausschneiden |
| Strg T | Wort ab Cursor löschen |
| Strg Y | Aktuelle Cursorzeile löschen (in Ablage) |
| Strg Z | Bildschirminhalt nach oben scrollen |
| ⇧ Einfg | Zwischenablage einfügen |
| ⇧ Entf | Markierten Bereich in Zwischenablage |
| ⇧ W | Textbereich markieren |

Tab. 14.1: Die Tastenkombinationen von EDIT

# Schritt 15:

# System beschleunigen

*In der neuen Version von DOS wurde einiges getan, um die Geschwindigkeit Ihres Systems zu verbessern. Vor allem hinsichtlich Windowsanwendungen kann der Rechner nie schnell genug sein. Neben der Aufstockung der Hardware kann man aber auch mit ein paar Softwarelösungen einiges aus seinem System herausholen.*

Bekannt sind hier vor allem Cache- und Defragmentier-Programme. Aber auch eine geschickt eingesetzte RAM-Disk kann die Zugriffsgeschwindigkeit auf Ihre Daten erhöhen.

## Das Programm DEFRAG

Sicherlich kennen Sie von den Norton Utilities das Programm Spee-Disk oder Compress von den PC Tools. Beides sind sogenannte Defragmentierprogramme zur Festplattenpflege. MS DOS 6 bietet mit DEFRAG ebenfalls ein solches Programm an, das als abgespeckte SpeeDisk-Version von Symantec lizensiert wurde.

*SpeeDisk oder Compress*

Nun, was tut DEFRAG? Da auf Ihrer Festplatte häufig Daten gespeichert oder gelöscht werden, entstehen mit der Zeit immer mehr wild verstreute Cluster, die von Dateien belegt sind. Da eine Datei meistens mehr als ein Cluster belegt, kann es passieren, daß diese nicht mehr zusammenhängen. Um die Datei lesen zu können, müssen die Schreib- Leseköpfe der Festplatte die weit auseinander liegenden Cluster abtasten. Sie müssen dabei größere Bewegungen machen, als das bei zusammenhängenden Clustern der Fall wäre. Dies ist natürlich mit einem Zeitverlust verbunden.

DEFRAG reorganisiert Ihre Festplatte, indem alle Dateien neu angelegt und in zusammenhängenden Clustern gespeichert werden. Alle freien Cluster befinden sich dann am Ende der Platte. Optional werden Ihre Verzeichnisse auch alphabetisch sortiert.

*Reorganisation der Festplatte*

Bevor Sie nun Ihre Festplatte defragmentieren, sollten Sie noch einige Dinge wissen. Alle Defragmentierprogramme schreiben die Dateizuordnungstabelle (FAT) neu, damit MS DOS 6 die neu angelegten Dateien auch wiederfindet. Dabei kann es unter Umständen auch zu Datenverlust kommen. Seien Sie also im Umgang mit DE-FRAG etwas vorsichtig. Entfernen Sie vorher alle speicherresiden-

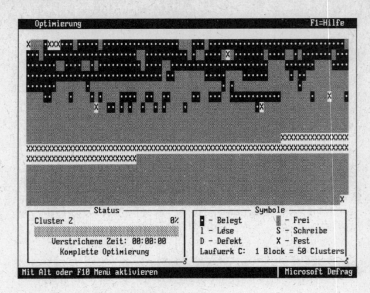

Abb. 15.1: DEFRAG bei der Arbeit

ten Programme und benutzen Sie keine Cache-Programme während der Defragmentierung. Starten Sie nun DEFRAG mit

```
C:\>DEFRAG
```

DEFRAG besitzt eine eigene Benutzeroberfläche, wie sie in Abbildung 15.1 dargestellt ist. Oben sehen Sie eine Menüzeile, darunter wird die Belegung Ihrer Festplatte grafisch dargestellt. Besteht Ihre Festplatte aus vielen nicht zusammenhängenden Clustern, sieht sie aus wie ein Schweizer Käse. Cluster, die mit einem X ausgezeichnet sind, weisen feste Dateien auf. Sie können nicht bewegt werden. Meistens sind dies Systemdateien des Bootsektors oder permanente Auslagerungsdateien, wie sie Windows 3.1 anlegt.

Das Menü Optimierung enthält Befehle für den Laufwerkswechsel und den eigentlichen Start des Programms. Über BEENDEN oder Ab verlassen Sie DEFRAG.

Über den Befehl *Anordnung der Dateien...* wählen Sie zwischen fünf Sortiermethoden für die Anordnung der Verzeichnisse auf der Festplatte aus. Optional ordnet DEFRAG Verzeichnisse nach

Namen, Datum oder Clusteranfang. Die Sortierreihenfolge wählen Sie mit der Taste ⬜ aus und bestätigen anschließend mit ⏎.

Zusätzlich können Sie eine Optimiermethode festlegen, mit der DEFRAG Ihre Festplatte aufräumen soll. Standardmäßig ist die komplette Optimierung eingestellt. Das heißt, alle Dateien werden in einem zusammenhängenden Block angeordnet. Die zweite Methode versucht lediglich Dateien zusammenzufassen. Diese Methode ist vielleicht nicht so effektiv, dafür aber schneller in der Durchführung. Starten Sie dann die Optimierung über die Tastenkombination Alt D.

Während des Vorgangs können Sie genau beobachten, wie die Dateien neu angeordnet werden. Ist Ihre Festplatte noch nie defragmentiert worden, und lassen Sie DEFRAG zum ersten Mal laufen, kann die Defragmentierung erhebliche Zeit in Anspruch nehmen. Wenden Sie DEFRAG regelmäßig an, dauert die Reorganisation nicht mehr so lange.

## Fastopen

Ein weiterer Befehl ist FASTOPEN, der ebenfalls zur Optimierung von Festplattenzugriffen vorgesehen ist. Wird eine Datei geöffnet, merkt sich FASTOPEN in einer Tabelle den Pfad. Bei einem wiederholten Zugriff auf die Datei muß nicht nochmal der komplette Pfad gelesen werden. Die Datei läßt sich somit schneller öffnen. Die Größe der Tabelle kann variiert werden und bezeichnet die Anzahl der Einträge. Tragen Sie in der CONFIG.SYS-Datei

```
DEVICE = C:\DOS6\FASTOPEN C: = 512
```

ein, definieren Sie die Tabellengröße auf maximal 512 Einträge. Die Minimalgröße der Tabelle beträgt 128 Einträge, die Maximalgröße 32768. Der Vorteil von Fastopen ist sein geringer Speicherbedarf. Dafür können aber nicht so viele Informationen zwischengespeichert werden, hier sind sogenannte Cache-Programme leistungsfähiger.

## Cache einrichten mit SMARTDRV.EXE

Cache-Programme bedienen sich einer anderen Technik zur Zwischenspeicherung von Informationen. Sie werden resident geladen und registrieren jeden Zugriff auf die Festplatte. Als

Zwischenspeicher benutzen sie einen Teil des RAM. Da der Arbeitsspeicher schneller als eine Festplatte arbeitet, lassen sich hier enorme Zugriffsgeschwindigkeiten erreichen. Der einzige Nachteil ist ein verringerter Arbeitsspeicher. Verfügen Sie aber über Erweiterungsspeicher, kann der Cache-Zwischenspeicher ins Extended-Memory verlagert werden. Ist der Zwischenspeicher voll, wird er mit der aktuellen Information überschrieben.

In der neuen Version von MS DOS 6 ist das alte Cache-Programm SMARTDRV.SYS durch SMARTDRV.EXE ersetzt worden, das auch mit Windows 3.1 mitgeliefert wird. SMARTDRV.EXE braucht jetzt nicht mehr in die Datei CONFIG.SYS eingebunden werden. Bei der Installation von DOS 6 wird der Cache-Treiber automatisch in die Datei AUTOEXEC.BAT integriert.

Wo liegen die Vorteile von SMARTDRV.EXE? So verringert sich automatisch die Cache-Größe, wenn das speicherhungrige Windows aufgerufen wird. Herkömmliche Cache-Programme optimieren nur Lesevorgänge, wohingegen SMARTDRV.EXE auch Schreiboperationen beschleunigen kann. Mit Hilfe einer Reihe von Schaltern und Parametern kann SMARTDRV.EXE zusätzlich auf Ihre Bedürfnisse abgestimmt werden. Zum Einrichten des Caches geben Sie einfach

```
C:\>SMARTDRV.EXE
```

ein. Ansonsten stellt sich das Programm automatisch auf den vorhandenen Speicher ein. Findet SMARTDRV.EXE Extended-Memory vor, richtet es den Cache-Puffer dort ein.

Selbstverständlich kann SMARTDRIVE auch mit komprimierten Laufwerken eingesetzt werden.

```
SMARTDRV [[Laufwerk[+|-]]...][/E:ElementGröße]
[InitCacheGröße][WinCacheGröße]][/B:PufferGröße] [/C] [/
R] [/L] [/Q] [/S]
```

| Option | Wirkung |
|---|---|
| Laufwerk | Festlegen des Laufwerkswerks, für das ein Cache eingerichtet werden soll. |
| + | Aktiviert Write-Behind-Caching für das angegebene Laufwerk. |
| - | Deaktiviert den Cache für das angegebene Laufwerk. |

| | |
|---|---|
| /E:ElementGröße | Menge der Informationen (in Byte), die auf einmal verschoben werden kann. |
| InitCacheGröße | Größe des Extented-Memory (in KB), der für den Cachespeicher verwendet wird. |
| WinCacheGröße | Größe des Extented-Memory (in KB), der für Cachespeicher verwendet wird, wenn Windows gestartet wurde. |
| /B:PufferGröße | Größe des Read-Ahead-Puffers. |
| /C | Schreibt alle Daten im Write-Behind-Cache auf den Datenträger. |
| /R | Leert den Cache und startet SMARTDrive neu. |
| /L | Lädt SMARTDrive in den konventionellen Speicher. |
| /Q | Unterdrückt die Anzeige von SMARTDrive-Informationen. |
| /S | Zeigt weitere Informationen zum SMART-Drive-Status an. |

Tab 15.1: Die Schalter von SMARTDRIVE

Besitzen Sie einen Rechner mit 4 MByte RAM, geben Sie folgende Konfiguration ein:

```
C:\>SMARTDRV 2024 1024
```

2 MByte Erweiterungsspeicher sind für den Cachespeicher reserviert. Beim Aufruf von Windows verkleinert sich die Cachegröße auf 1 MByte. Wenn Sie den Schalter /S verwenden, zeigt Ihnen SMARDDRIVE alle Einstellungen sowie eine kleine Statistik an, aus der Sie Informationen über die Zugriffe auf den Cachespeicher entnehmen können.

Möchten Sie dagegen die Cache-Pufferung für alle Diskettenlaufwerke ausschalten, machen Sie bitte folgende Eingabe:

```
C:\>SMARTDRV a- b- c+ 2024 1024
```

**Größe des Caches abstimmen**

Noch ein wichtiger Hinweis zur optimalen Anpassung der Cachegröße an Windows: Normalerweise kann der Cachespeicher nie

```
C:\>smartdrv /s
Microsoft SMARTDrive, Festplatten-Cache-Programm, Version 4.1
Copyright 1991,1993 Microsoft Corp.

Platz für    256 Elemente von je  8,192 Byte Größe.
   241mal konnten die Daten dem Cache entnommen werden.
   and    461mal mußten die Daten vom Datenträger gelesen werden.

Größe des Cache:  2,097,152 Byte
Größe des Cache während der Ausführung von Windows:  2,097,152 Byte

         Festplatten-Cache-Status
Laufwerk  Lese-Cache   Schreib-Cache  Pufferung
----------------------------------------------------
  A:         ja           nein          nein
  B:         ja           nein          nein
  C:         ja           ja            nein

Geben Sie "smartdrv /?" zur Anzeige der Hilfe ein.

C:\>
```

Abb. 15.2: Anzeige aller aktiven Parameter von SMARTDRIVE

groß genug sein. Je größer jedoch Ihre Einstellung sind, desto kleiner wird der Performancegewinn. Das heißt, ein Cachespeicher von 6 MByte bringt kaum spürbare Geschwindigkeitssteigerungen mit sich als ein 2 MByte großer Speicher. Hier hilft eigentlich nur experimentieren. Anhand der folgenden Tabelle können Sie einige Richtwerte entnehmen.

| Erw.speicher | Cache DOS | Cache Windows |
|---|---|---|
| Bis 1 MByte | 256 Byte | Keine Cache |
| Bis 2 MByte | 1 MByte | 256 Byte |
| Bis 4 MByte | 1 MByte | 512 MByte |
| Bis 6 MByte | 2 MByte | 1 MByte |
| Über 6 MByte | 2 MByte | 2 MByte |

Tab.15.2: Optimale SMARTDRIVE-Einstellungen

## Die RAM-Disk

Eine RAM-Disk ist ein virtuelles Laufwerk, also ein physikalisch nicht vorhandenes Laufwerk, das neben den physikalisch vorhandenen wie dem Disketten- und Festplattenlaufwerk optional eingerichtet werden kann. Der wohl größte Vorteil einer RAM-Disk ist die der hohen Arbeitsgeschwindigkeit: Eine RAM-Disk ist um ein tausendfaches schneller als die schnellste Festplatte. Dafür sind RAM-Disks aber vergeßlich: Wenn der Strom ausgeschaltet wird, sind die "auf" ihr gespeicherten Informationen verloren. RAM-Disks eignen sich deswegen insbesondere zum Zwischenspeichern und als Lese-Laufwerk.

RAM-Disk-Laufwerke können *nur* in der Konfigurationsdatei CONFIG.SYS eingerichtet werden, also nicht während der Laufzeit. Es können beliebig viele RAM-Disks installiert werden; die Anzahl ist nur vom verfügbaren Speicher abhängig. Sollte in Ihrem Rechner weniger als 640 KByte RAM installiert sein, empfiehlt sich der Einsatz einer RAM-Disk nicht. Nur wenn mehr als 640 KByte installiert sind, sollte man eine RAM-Disk installieren, und dann auch den Speicher über der Ein-MByte-Grenze verwenden.

```
DEVICE=RAMDRIVE.SYS    [Größe [Sektorgröße [Einträge
[/E][/A]]]]
```

| Option | Wirkung |
|---|---|
| *Größe* | definiert die Größe der RAM-Disk in KByte. Ist kein Extended Memory vorhanden, ist die Größe der RAM-Disk auf 256 KByte begrenzt. |
| *Sektorgröße* | definiert die Größe der Sektoren der RAM-Disk mit 128, 256 oder 512 Byte. |
| *Einträge* | gibt an, wieviele Einträge im Hauptverzeichnis der RAM-Disk zugelassen sind. Jeder Wert zwischen 2 und 512 ist erlaubt, Defaultwert ist 64. |
| /E | wird die RAM-Disk im Extended Memory (über der Ein-MByte-Grenze) des Rechners abgelegt. |
| A/ | Legt das virtuelle Laufwerk im Expansionsspeicher an. |

Tab. 15.3: Befehlssyntax und Parameter der RAM-Disk

Achten Sie bei der Verwendung des Schalters /A darauf, daß Ihr System so konfiguriert ist, daß RAMDRIVE.SYS auch Expansionsspeicher nutzen kann. Expansionsspeicher kann über den Speichermanager EMM386.EXE eingestellt werden.

Eine RAM-Disk erhält die jeweils nächste freie Laufwerkskennung. Beim Booten werden die Daten zur jeweiligen RAM-Disk inklusive der Laufwerkskennung jedoch auch angezeigt.

Es empfiehlt sich, in erster Linie Dateien, die häufig gelesen werden müssen, wie etwa Batchdateien, in der RAM-Disk abzulegen. Das macht aber nur dann Sinn, wenn Sie die RAM-Disk auch in Ihren Suchpfad aufnehmen (siehe PATH-Befehl). Wenn Sie den Kommandoprozessor in eine RAM-Disk kopieren, definieren Sie auch den entsprechenden Namen für die Umgebungsvariable COMSPEC

```
COPY C:\DOS\COMMAND.COM E:
```

```
SET COMSPEC=E:COMMAND.COM
```

Viele Programme arbeiten mit temporären Dateien und legen diese auf der Festplatte ab. Durch die Eingabe

```
SET TEMP = D:\
```

werden die temporären Dateien nun nicht mehr auf der Festplatte, sondern auf der wesentlich schnelleren RAM-Disk D:\ abgelegt. Die Programme haben dadurch einen schnelleren Zugriff auf ihre temporären Dateien.

# Schritt 16:

# Festplatten einrichten

*Festplatten sind Speichermedien mit hoher Speicherkapazität und stellen somit hohe Anforderungen an die Verwaltung durch das Betriebssystem. Jede Festplatte läßt sich in bis zu vier verschiedene voneinander unabhängige Bereiche unterteilen, die auch als* Partitionen *bezeichnet werden.*

*Festplatten partitionieren*

Jeder der vier Partitionen kann einem anderen Betriebssystem zugeordnet werden, etwa eine für XENIX, eine für DOS etc. Es kann jeweils nur eine Partition aktiv sein, d.h. nur die in dieser Partition befindlichen Daten und Programme können gelesen und verarbeitet werden.

In der Regel wird jedoch lediglich ein Betriebssystem auf der Festplatte installiert, so daß auch nur eine Partition angelegt werden muß. MS-DOS 6 kann Partitionen mit einer Gesamtgröße von bis zu zwei GByte verarbeiten.

Um eine Festplatte zu partitionieren, verwenden Sie FDISK. Das Vorformatieren, erster Schritt bei jeder Festplatten-Installation, kann jedoch nicht von FDISK durchgeführt werden. Hierzu müssen Programme wie der DiskManager oder Speedstor eingesetzt werden.

*Vorformatieren*

## Anlegen einer Partition

FDISK arbeitet menüorientiert, d.h. am Bildschirm erscheinen Menüpunkte, die Sie bei Bedarf auswählen können. Um eine Partition anzulegen, ist der erste Menüpunkt auszuwählen. Aber Vorsicht: Sind in Ihrem Rechner mehrere Festplatten installiert, müssen Sie ggf. das entsprechende Festplattenlaufwerk auswählen.

### Primäre DOS-Partition

Beim Anlegen einer Partition unterscheidet man zwischen der *primären* und der *erweiterten* DOS-Partition. Es muß wenigstens eine primäre DOS-Partition existieren, wenn Sie mit MS-DOS arbeiten wollen. Nur eine primäre DOS-Partition kann zum Booten

*Booten des Systems*

```
                    Anzeigen der Partitionierungsdaten

Aktuelle Festplatte: 1

Partition   Status   Typ    Bezeichnung   MByte   System   benutzt
  C: 1        A     PRI DOS                 119    FAT16     100%




Speicherplatz auf Festplatte insgesamt:   119 MByte





ESC drücken, um zu den FDISK-Optionen zurückzukehren.
```

Abb. 16.1: Anlegen einer primären DOS-Partition mit FDISK

des Systems verwendet werden. Existiert bereits eine primäre DOS-Partition, erscheint eine Fehlermeldung.

Sollten Sie die Größe einer bestehenden Partition verändern wollen, müssen Sie diese zuvor löschen. Existiert noch keine Partition, haben Sie die Möglichkeit, die Größe der Partition in MByte oder Prozent der noch verfügbaren Speicherkapazität zu bestimmen. FDISK geht davon aus, daß Sie grundsätzlich den gesamten noch zur Verfügung stehenden Speicher für die Partition reservieren wollen. Ist dies der Fall, bestätigen Sie einfach mit <J>.

Haben Sie die Abfrage bestätigt, richtet FDISK die neue Partitionstabelle ein. Das nimmt nicht sehr viel Zeit in Anspruch. Anschließend werden Sie zum Einlegen einer Systemdiskette aufgefordert, da das System neu gestartet werden muß.

```
Das System wird jetzt neu gestartet.

Legen Sie eine MS-DOS-Systemdiskette in Laufwerk A: ein.

Wenn bereit, eine beliebige Taste drücken . . .
```

*Größe der Partition in MByte oder Prozent*

Wollen Sie jedoch nicht den gesamten zur Verfügung stehenden Speicher für eine Partition nutzen, so müssen Sie die Speicherkapazität der Partition in Prozent oder MByte ist definieren.

Prozentwerte werden - fall dies notwendig sein sollte - gerundet. Wundern Sie sich also nicht, wenn Sie "50%" eingeben und später "49%" oder "51%" als Partitionsgröße erscheinen. Eine exakte Bestimmung ist aus technischen Gründen nicht möglich.

### Erweiterte DOS-Partitionen

Das Anlegen einer erweiterten DOS-Partition ist unter MS-DOS 6 nur dann erforderlich, wenn Sie den Speicher der Festplatte auf verschiedene logische Laufwerke aufteilen wollen. Neben der primären können Sie dann auch eine erweiterte DOS-Partition anlegen.

*Logische Lauf-
werke einrichten*

    Das Betriebssystem selbst muß sich aber immer in der primären DOS-Partition befinden, nur von hier kann MS-DOS gebootet werden. Im wesentlichen gilt für das Anlegen einer erweiterten DOS-Partition dasselbe wie bei einer primären DOS-Partition mit dem Unterschied, daß nachher die erweiterte DOS-Partition in verschiedemne logische Laufwerks aufgeteilt werden muß.

### Logische Laufwerke

Eine erweiterte DOS-Partition teilen Sie in beliebig viele logische Laufwerke auf. Sie definieren selbst die Größe der logischen Laufwerke (ebenfalls in Zylindern). Die Kennungen der neuen logischen Laufwerke erscheinen während der Definition auf dem Bildschirm. Jedes logische Laufwerk kann optional auch über ein Volume Label verfügen, das Sie nach der Anlage des logischen Laufwerkes eingeben können.

## Aktivieren einer Partition

Beim Booten des Rechners wird die Partition verwendet und somit das darin befindliche Betriebssystem gestartet, die aktiv geschaltet ist. Nur eine Partition kann aktiv sein. Sollten Sie nur mit MS-DOS arbeiten, ist natürlich die primäre DOS-Partition immer aktiv. Nur die primäre DOS-Partition kann zum Booten verwendet werden.

## Löschen einer DOS-Partition

Wollen Sie eine DOS-Partition löschen, so wählen Sie den dritten Menüpunkt im Hauptmenü. Anschließend müssen Sie wählen, ob Sie eine primäre oder erweiterte Partition oder aber ein logisches Laufwerk löschen wollen. Beachten Sie bitte, daß beim Löschen einer Partition alle in ihr gespeicherten Daten verloren gehen. Es ist also ggfs. vorher eine Sicherheitskopie zu erstellen.

Auf dem Bildschirm erscheinen die jeweils angelegten logischen Laufwerke oder Partitionen; sie werden numeriert. Sie werden anschließend aufgefordert, die Nummer des zu löschenden Bereiches anzugeben. Eine Sicherheitsabfrage stellt sicher, daß keine Partition und kein logisches Laufwerk versehentlich gelöscht wird.

## Verlassen von FDISK

Wenn Sie alle Korrekturen vorgenommen haben, können Sie FDISK verlassen. Sofern Korrekturen an der aktuellen Situation der Partitionen vorgenommen wurden, erscheint eine Meldung auf dem Bidlschirm, und das System wird neu gestartet. Legen Sie in diesem Fall eine MS-DOS-Systemdiskette ins Diskettenlaufwerk und starten Sie den Rechner. Anschließend muß das Betriebssystem kopiert werden, verwenden Sie hierzu ggf. die erste Systemdiskette und den SETUP-Befehl (siehe Schritt 1).

# Schritt 17:

# Festplatte verdoppeln mit DoubleSpace

*Grundregel Nummer eins in der Computerei: Festplatten können nicht groß genug sein. Mit der Zeit sammeln sich einen Menge Programme an, von denen man sowieso nur 20% nutzt. Aber welche soll man jetzt löschen? Hinzu kommt, daß immer mehr Anwendungen eine größere Speicherkapazität verlangen, vor allem Windows-Anwendungen. Die Festplattenkapazität ist irgendwann erschöpft. Sie müssen sich aber nicht direkt ein neues Laufwerk kaufen.*

Die Lösung heißt *Datenkomprimierung*. Dateien lassen sich zum Teil erheblich verdichten. Das Prinzip beruht darauf, sich wiederholende Daten (etwa Zeichen, Texte oder Bitfolgen) zu erkennen und zu verschlüsseln. So kann man Datendateien um fast 80% verkleinern, ausführbare Programmdateien dagegen nur um ca. 30%. In dieser Hinsicht sind einige Komprimierungs- oder Archivierungsprogramme, wie z.B. LHARC, als Shareware populär geworden, weil sie erstaunliche hohe Komprimierungsraten erreichen. Sie haben nur den Nachteil, daß deren Dateiinhalt eingefroren ist. Die Dateien müssen erst zeitaufwendig wieder rekonstruiert werden, um sie benutzen zu können.

*Wiederholende Zeichenketten vereinheitlichen*

DoubleSpace bietet nun aber Datenkompression in Echtzeit, d.h., Sie können Daten schreiben und lesen wie auf einer gewöhnlichen Festplatte. Die eigentliche Komprimierung oder Dekomprimierung der Daten kriegen Sie als Anwender nicht mit, dabei wird die Geschwindigkeit des Rechners nicht erheblich beeinflußt.

*Datenkompression in Echtzeit*

## Wie arbeitet DoubleSpace?

Das komprimierte DoubleSpace-Laufwerk kann erst nach der Installation von MS-DOS 6 eingerichtet werden. Vorher arbeiten Sie noch mit herkömmlichen unkomprimierten Daten. DoubleSpace erstellt auf dem noch verbleibenden Festplattenbereich eine Datei mit einem komprimierten Speicherbereich. Diese Datei (DBLSPACE.000) wird wie eine Systemdatei behandelt und bleibt für den Anwender unsichtbar. Sie kann auch nicht gelöscht werden. Die Datei wird dann wie ein logisches Laufwerk angesprochen.

*Die Datei DBLSPACE.000*

Alle Daten, die Sie nun auf dieses logische Laufwerk kopieren, werden sofort in komprimierter Form abgelegt. Sie können natürlich auch ganze Programme auf diesem logischen Laufwerk installieren.

Die einzigen Dateien, die nicht komprimieren werden dürfen, sind die Systemdateien von DOS 6 und eine eventuell eingerichtete Swap-Datei von Windows 3.1. DOS 6 achtet aber bei der Installation eines DoubleSpace-Laufwerkes automatisch darauf, einen Teilbereich der Festplatte für die Systemdateien zu reservieren. Sie müssen sich darum also nicht kümmern. Auf der anderen Seite können Sie zum Beispiel Windows 3.1 komplett auf einem komprimierten Laufwerk installieren.

Die Größe des logischen Laufwerkes oder der neuen Partition können Sie selber bestimmen. Zusätzlich können Sie einen Teilbereich Ihrer Festplatte von der Komprimierung aussparen. Bei der Standardinstallation kann allerdings das gesamte Laufwerk komprimiert werden. Wie dies vor sich geht, erfahren Sie weiter unten.

### Die Datei DBLSPACE.BIN

*Integrierte Komprimierung*

Der Unterschied von DoubleSpace zu anderen Festplattenverdopplern liegt darin, daß Microsoft den Treiber für die Datenkomprimierung in den Betriebssystemkern integriert hat. Neben den beiden bekannten Systemdateien MSDOS.SYS und IO.SYS existiert nun eine Datei namens DBLSPACE.BIN, die nun zu den Betriebssystemkerndateien gehört. Die Datei DBLSPACE.BIN wird durch die Betriebssystem datei IO.SYS geladen. Das heißt, der Treiber wird während des Bootvorganges geladen, bevor die Datei CONFIG.SYS abgearbeitet wird.

*Nicht integrierte Komprimierung*

Andere Festplattenverdoppler arbeiten mit nicht integrierten Treibern für die Datenkomprimierung. Diese Treiber werden meist über die Konfigurationsdateien geladen. Hier besteht die Gefahr, daß der Treiber aus bestimmten Gründen nicht geladen wird, weil vielleicht ein Eintrag in der Datei CONFIG.SYS gelöscht wurde. Der Anwender hat dann keinen Zugriff mehr auf seine komprimierten Dateien, weil diese Daten nur mit Hilfe des Treibers gelesen werden können.

*Mehr Sicherheit*

DoubleSpace schaltet hier mögliche Fehlerquellen bei der Installation und Verwaltung eines komprimierten Laufwerkes aus. Der Anwender kann auch den Treiber für die Datenkompression nicht aus Versehen löschen. Das System geht sogar soweit, daß

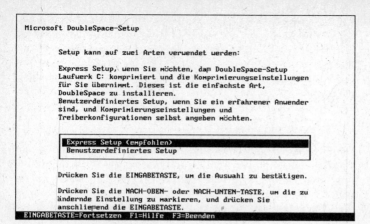

```
Microsoft DoubleSpace-Setup

     Setup kann auf zwei Arten verwendet werden:

     Express Setup, wenn Sie möchten, daß DoubleSpace-Setup
     Laufwerk C: komprimiert und die Komprimierungseinstellungen
     für Sie übernimmt. Dieses ist die einfachste Art,
     DoubleSpace zu installieren.
     Benutzerdefiniertes Setup, wenn Sie ein erfahrener Anwender
     sind, und Komprimierungseinstellungen und
     Treiberkonfigurationen selbst angeben möchten.

   ┌──────────────────────────────────────────────────┐
   │ Express Setup (empfohlen)                          │
   │ Benutzerdefiniertes Setup                          │
   └──────────────────────────────────────────────────┘

     Drücken Sie die EINGABETASTE, um die Auswahl zu bestätigen.

     Drücken Sie die NACH-OBEN- oder NACH-UNTEN-TASTE, um die zu
     ändernde Einstellung zu markieren, und drücken Sie
     anschließend die EINGABETASTE.
 EINGABETASTE=Fortsetzen  F1=Hilfe  F3=Beenden
```

Abb. 17.1: Express-Setup oder benutzerdefiniertes Setup von Double-
Space?

selbst ein Stromausfall bei der Erstellung eines komprimierten
Laufwerkes nicht zu Datenverlust führt.

**Eine Warnung im voraus!!**

Auch wenn sich dies alles sehr gut anhört und DoubleSpace einen
relativ sicheren Eindruck macht, sollte man sich immer vergegen-
wärtigen, daß Ihre einmal komprimierte Daten nur von Double-
Space gelesen werden können. Wenn Sie also ein
DoubleSpace-Laufwerk einrichten, sollten Sie vorher zumindest
wichtige Datendateien auf Disketten sichern. Den Verlust von
Programmdateien kann man verschmerzen. Die Textdateien Ihrer Habilitation oder Memoiren sind nicht zu ersetzen. Ganz Vor-
sichtige sollten ein Backup von Ihrer gesamten Festplatte machen.

# Erstmalige Installation von DoubleSpace

Zur Erstellung eines komprimierten Laufwerkes rufen einfach das
Programm DBLSPACE.EXE auf. Geben Sie also auf der DOS-Ebene ein:

DBLSPACE

DoubleSpace zeigt dann bei der erstmaligen Installation einen Setup-Bildschirm, der Ihr System auf die Einrichtung eines DoubleSpace-Laufwerkes vorbereitet. Das Setup-Programm von DoubleSpace bietet dabei zwei unterschiedliche Installationsarten an. Zwischen beiden Optionen können Sie mit den Cursortasten auswählen.

- Express-Setup

- Benutzerdefiniertes Setup

Haben Sie noch keine Erfahrung mit DoubleSpace, sollten Sie die Standardeinstellung verwenden und ein Express-Setup durchführen lassen. DoubleSpace wird dann automatisch installiert. Zuerst wird die Datei DBLSPACE.BIN eingerichtet, wobei Ihr Rechner mehrmals neugestartet wird. In einem weiteren Dialogfenster haben Sie die Auswahl ob ein vorhandenes Laufwerk komprimiert oder ein zusätzliche Partition erstellt werden soll.

*Komprimierungs-verhältnis*

Das benutzerdefinierte Setup bietet Ihnen zusätzlich die Möglichkeit das Komprimierungsverhältnis für die komprimierten Daten einzustellen. Default ist immer das Verhältnis 2:1 eingestellt. Ferner besteht die Möglichkeit, die Größe des unkomprimierten Festplattenbereiches festzulegen, auf dem sich später dann die unkomprimierten Systemdateien befinden.

## Ein vorhandenes Laufwerk komprimieren

*Gesamte Fest-platte kompri-mieren*

Das Express-Setup komprimiert standardmäßig ein vorhandenes Laufwerk. In diesem Fall werden also alle Daten auf Ihrer Festplatte komprimiert. DoubleSpace beläßt nur eine bestimmten Teil Ihrer Festplatte in unkomprimierter Form, nämlich den für die Systemdateien.

Je nachdem wie groß Ihre Festplatte ist, kann die Komprimierung Ihrer Daten eine gewisse Zeit in Anspruch nehmen. Dies ist natürlich auch von der Art der Daten abhängig. Ansonsten können Sie davon ausgehen, daß DoubleSpace pro 1 MByte eine Minute braucht, um Ihre Daten zu komprimieren. Ein persönlicher Erfahrungswert: Für die Komprimierung einer 130-MByte-Festplatte, auf der sich 85 MByte befanden, hat DoubleSpace ungefähr 35 Minuten gebraucht.

*DBLSPACE.000*

DoubleSpace liest und komprimiert dabei eine Datei. Anschließend wird die Datei in der reservierten Speicherdatei DBLSPACE.000 abgelegt. Die unkomprimierte Datei wird gelöscht. Der komprimierte Speicherbereich wird während dieses Vorganges

```
Microsoft DoubleSpace-Setup

        DoubleSpace bietet Ihnen zwei Wege Ihren Plattenspeicher zu
        vergrößern:
        Wählen Sie 'Vorhandenes Laufwerk komprimieren', um Dateien
        auf einem vorhandenen Laufwerk zu komprimieren und den
        freien Speicher zu erhöhen. Diese Methode liefert den
        größten freien Speicherplatz, und ist besonders brauchbar,
        wenn die Platte voll wird.
        Wählen Sie 'Neues komprimiertes Laufwerk erstellen', um den
        freien Speicher auf einem vorhandenen Laufwerk in ein neues
        komprimiertes Laufwerk zu konvertieren. Diese Methode ist
        sinnvoll, wenn viel Speicherplatz auf einem Laufwerk zur
        Verfügung steht.

       ┌──────────────────────────────────────────────────────┐
       │ Vorhandenes Laufwerk komprimieren                      │
       │ Neues komprimiertes Laufwerk erstellen                 │
       └──────────────────────────────────────────────────────┘

        Drücken Sie die NACH-OBEN- oder NACH-UNTEN-TASTE bis der
        gewünschte Eintrag markiert ist, und drücken Sie dann die
        EINGABETASTE.
 EINAGEBTASTE=Fortsetzen   F1=Hilfe   F3=Beenden   ESC=Zurück
```

Abb. 17.2: Ein vorhandenes Laufwerk komprimieren

ständig vergrößert, bis alle Dateien Ihrer Festplatte in ihr in komprimierter Form untergebracht sind.

Haben Sie zum Beispiel Ihre Festplatte C: komplett komprimieren lassen, besitzen Sie anschließend eine annähernd verdoppelte Partition C: und eine zusätzliche Partition D:, auf der sich Ihre Systemdateien befinden. Gebootet wird Ihr Computer nach wie vor von Laufwerk C:, nur das DoubleSpace nach dem Bootvorgang für Sie unsichtbar die Laufwerksbuchstaben vertauscht. Aus C: wird D: und umgekehrt.

## Ein neues komprimiertes Laufwerk erstellen

Im folgenden Abschnitt soll ein zusätzliches DoubleSpace-Laufwerk eingerichtet werden. Dies wird für diejenigen interessant sein, die vielleicht aus Sicherheitsgründen nicht Ihre gesamte Festplatte komprimieren lassen wollen. Rufen Sie zuerst DoubleSpace auf. Sie gelangen dann in eine Benutzeroberfläche mit Pull-Down-Menüs, von der aus Sie bequem Ihre DoubleSpace Laufwerke einrichten und verwalten können. Die Bedienung der Benutzeroberfläche gestaltet sich sehr einfach. Mit Hilfe der [Alt]-Taste öffnen Sie eins der vier verfügbaren Menüs. Über die Cur-

*Einen Teil der Festplatte unkomprimiert lassen*

Schritt 17

**117**

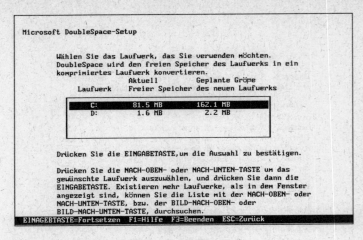

```
Microsoft DoubleSpace-Setup

    Wählen Sie das Laufwerk, das Sie verwenden möchten.
    DoubleSpace wird den freien Speicher des Laufwerks in ein
    komprimiertes Laufwerk konvertieren.
                      Aktuell         Geplante Größe
           Laufwerk   Freier Speicher des neuen Laufwerks

           C:         81.5 MB         162.1 MB
           D:          1.6 MB           2.2 MB


    Drücken Sie die EINGABETASTE,um die Auswahl zu bestätigen.

    Drücken Sie die NACH-OBEN- oder NACH-UNTEN-TASTE um das
    gewünschte Laufwerk auszuwählen, und drücken Sie dann die
    EINGABETASTE. Existieren mehr Laufwerke, als in dem Fenster
    angezeigt sind, können Sie die Liste mit der NACH-OBEN- oder
    NACH-UNTEN-TASTE, bzw. der BILD-NACH-OBEN- oder
    BILD-NACH-UNTEN-TASTE, durchsuchen.
 EINAGEBTASTE=Fortsetzen  F1=Hilfe  F3=Beenden  ESC=Zurück
```

Abb. 17.3: Benutzeroberfläche von DoubleSpace

sortasten markieren Sie eine Befehl und führen Ihn über die
Eingabetaste aus. Alternativ kann ein Befehl durch Drücken der hell
unterlegten Buchstaben in den Befehlsnamen direkt ausgeführt
werden. Führen Sie nun folgende Schritte durch:

1. Öffnen Sie mit der Tastenkombination ⎡Alt⎤⎡K⎤ das Menü KOM-
   PRIMIEREN.

2. Wählen Sie anschließend den Befehl *Neues Laufwerk erstellen...*

3. In einem Dialogfenster haben Sie die Auswahl zwischen
   vorhandenen Laufwerken, deren freie Speicherkapazität zur
   Erstellung eines komprimierten Laufwerkes benutzt wird. Auf
   diesem Laufwerk wird dann die Datei DBLSPACE.000 erstellt.
   Gleichzeitig prognostiziert DoubleSpace die verbleibende Größe auf dem unkomprimierten Laufwerk (auch Host-Laufwerk
   genannt) und die Größe des neuen geplanten Laufwerkes.
   Nachdem Sie ein Laufwerk markiert haben, drücken Sie ⎡↵⎤.

4. In einem weiteren Dialogfenster können Sie nun die Restgrö-
   ße des Hostlaufwerkes bestimmen sowie das Komprimierungsverhältnis und den Buchstaben des neuen
   Laufwerkes. Mit den Cursortasten markieren Sie eine Option
   und drücken ⎡↵⎤.

5. Haben Sie zum Beispiel die Option *Komprimierungsverhältnis*
   ausgewählt, wechseln Sie erneut in ein Dialogfenster, indem

Sie das Komprimierungsverhältnis mit den Cursortasten auswählen und markieren können. Die Skala reicht hier von 1.0 bis
16.0 (hängt von der aktuellen Situation ab). Normalerweise ist
immer das Verhältnis 2.0 zu 1 vorgegeben. Anschließend drük-
ken Sie wieder auf ⏎, um die Auswahl zu bestätigen. Auf das
Komprimierungsverhältnis wird später noch eingegangen.
Belassen Sie also den Wert bei 2.0.

6. DoubleSpace rechnet dann die benötigte Zeit für die Erstellung
   des Laufwerkes aus. Anschließend drücken Sie die Taste Ⓕ
   und Ihr Laufwerk wird eingerichtet. Daraufhin zeigt Ihnen
   DoubleSpace in einem Fenster alle eingerichteten Laufwerke
   an.

7. Anschließend verlassen Sie DoubleSpace über das Menü LAUF-
   WERK und den Befehl BEENDEN.


## Disketten komprimieren

Mit DoubleSpace können Sie auch Disketten komprimieren. Voraussetzung ist allerdings, daß sich auf der Diskette möglichst wenig oder keine Daten befinden. Disketten komprimieren Sie wie
folgt:

1. Legen Sie eine leere Diskette in eines Ihrer Laufwerke.

2. Starten Sie DoubleSpace, und wählen Sie aus dem Menü KOM-
   PRIMIEREN den Befehl *Vorhandenes Laufwerk* aus.

3. DoubleSpace durchsucht dann alle vorhandenen Laufwerke,
   die noch komprimiert werden können.

4. Anschließend werden Ihnen in einer Dialogbox alle gefundenen Laufwerke angezeigt. Markieren Sie das gewünschte Laufwerk und drücken ⏎. Anschließend müssen Sie die
   Komprimierung noch einmal bestätigen.

DoubleSpace vergrößert so zum Beispiel die Speicherkapazität einer 1,44-MByte-Diskette auf 2,88 MByte. Noch ein Hinweis. Die
Diskette kann allerdings nur auf einem anderen Rechner gelesen
werden, wenn dieser ebenfalls über das Programm DoubleSpace
verfügt. Schalten Sie den Rechner erneut ein, kann eine mit
DoubleSpace komprimierte Diskette nur gelesen werden, wenn
Sie das Laufwerk über DoubleSpace erneut laden. Bei Festplatten
werden zusätzlich eingerichtete DoubleSpace-Laufwerke auto-

matisch geladen. Sie stehen sofort zur Verfügung. Diskettenlaufwerke müssen dagegen für jede neue Sitzung neu geladen werden.
Laufwerke laden Sie über den Befehl Laufwerk/Laden.

## Ein komprimiertes Laufwerk löschen

Vorweg muß Ihnen klar sein, daß das Löschen eines DoubleSpace-
Laufwerkes alle darauf befindlichen Daten vernichtet. Bevor Sie sich
also entschließen ein DoubleSpace-Laufwerk zu löschen, sichern
Sie erst alle für Sie wichtigen Dateien. Anschließend rufen Sie
DoubleSpace auf.

1. Wählen in der Liste aller vorhandenen DoubleSpace-Laufwerke das zu löschende aus.

2. Rufen Sie anschließend den Befehl *Löschen* aus dem Menü
   LAUFWERK auf.

3. In einem Dialogfenster werden Sie extra noch einmal darauf
   hingewiesen, daß der Vorgang alle Daten unwiderruflich löscht.
   Mit den Cursortasten oder der ⬚-Taste markieren Sie dann
   bitte den OK Button.

4. Anschließend müssen Sie den Löschvorgang noch einmal mit
   Ja bestätigen. Erst dann löscht DoubleSpace das Laufwerk aus
   der Liste. Sie haben also noch einmal mehrere Sicherheitsab-
   fragen, bevor ein DoubleSpace Laufwerk gelöscht wird.

Vor ein Problem werden Sie allerdings gestellt, wenn Sie ein vorhandenes oder Ihr Boot-Laufwerk C: komprimiert haben. Hier ver-
weigert DoubleSpace automatisch jeden Löschversuch. Haben Sie
nämlich einmal Ihre gesamte Festplatte komprimiert, läßt sie sich
nicht so ohne weiteres wieder in ihren alten Zustand zurückverset-
zen. In diesem Fall sollten Sie Ihre gesamte Festplatte sichern und
neu einrichten.

## Komprimiertes Laufwerk nachträglich ändern

DoubleSpace bietet über die komfortable Benutzeroberfläche einige Befehle, mit deren Hilfe Sie Ihre eingerichteten DoubleSpace-
Laufwerke nachträglich konfigurieren können. Hierzu zählt in
erster Linie die Veränderung der Größe sowie die Anpassung des

```
 Laufwerk  Komprimieren  Hilfsmittel  Hilfe
    ┌──────── Informationen über komprimiertes Laufwerk ────────┐
    │                                                           │
    │ Das komprimierte Laufwerk I: <KOMPRIMIERT> wurde am       │
    │ 02-07-1993 um 4:21 am erstellt. Laufwerk I: ist auf     ┐ ↑
    │ dem nicht komprimierten Laufwerk C: in der Datei 'k'    │
    │ gespeichert.                                            │
    │                                                         │
    │                    Komprimiert  Unkomprimiert           │
    │   Speicher         Laufwerk I:  Laufwerk C:             │
    │                                                         │
    │   insgesamt :        73.49 MB     118.63 MB             ↓
    │   belegt    :         0.00 MB      98.28 MB           ┘
    │   frei      :        73.49 MB**    20.35 MB
    │
    │   Das tatsächliche Komprimierungsverhältnis beträgt
    │   2.0 zu 1.
    │
    │ ** basiert auf einem geschätzten
    │    Komprimierungsverhältnis von 2.0 zu 1.
    │
    ├─────< OK >──< Größe >──<Verhältnis>──< Hilfe >────────────┤
 DoubleSpace │ F1=Hilfe ALT=Menü ↓=Nächster Eintrag ↑=Vorheriger Eintrag
```

Abb. 17.4: Info-Fenster für komprimierte Laufwerke

Komprimierungsverhältnis an bestimmte Daten. Beide Befehle
erreichen Sie über das Menü LAUFWERK oder über den Befehl *Info*,
den Sie ebenfalls in diesem Menü finden. Noch einfacher allerdings ist es, in der Liste der eingerichteten Laufwerke das Gewünschte zu markieren und anschließend ⟨↵⟩ zu drücken. So
gelangen Sie direkt in das Info-Fenster für jedes DoubleSpace-
Laufwerk.

### Größe ändern...

Die Größe eines komprimierten Laufwerks kann nur in Verbindung
mit dem noch freien Speicherplatz des Host-Laufwerkes verändert
werden.

1. Wenn Sie also ein komprimiertes Laufwerk in der Liste markiert haben, rufen Sie anschließend den Befehl *Laufwerk/Grö-
   ße ändern ...* auf.

2. In einem Dialogfenster werden das Hostlaufwerk und das
   komprimierte Laufwerk mit ihren aktuellen Speichergrößen
   und dem noch verbleibenden freien Speicher gegenüberge-
   stellt.

3. Sie haben nun die Möglichkeit, die freie Speicherkapazität des
   Hostlaufwerkes zu verkleinern und dem komprimierten Lauf-

```
 Laufwerk  Komprimieren  Hilfsmittel  Hilfe
 ┌──────────────── Größe ändern ────────────────┐
 │                                               │
 │                      Komprimiert  Unkomprimiert│
 │                      Laufwerk I:  Laufwerk C:  │
 │                                               │
 │    Aktuelle Größe  :    73.49 MB    118.63 MB │
 │    Freier Speicher :    73.49 MB     20.34 MB │
 │                                               │
 │    Minimum frei    :     0.05 MB      0.47 MB │
 │    Maximum frei    :   113.23 MB     57.06 MB │
 │                                               │
 │    Neuer Speicher  :    73.49 MB  [20.34 ] MB │
 │                                               │
 │ ** basiert auf dem geschätzten Komprimierungsverhältnis│
 │    2.0 zu 1.                                  │
 │    Um die Größe des Laufwerks I: zu ändern, passen Sie │
 │    den freien Speicher auf Laufwerk C: an.    │
 │                                               │
 │    < OK >      <Abbrechen>     < Hilfe >      │
 └───────────────────────────────────────────────┘
   die F1-TASTE für Hilfe.
 DoubleSpace  F1=Hilfe ALT=Menü ↓=Nächster Eintrag ↑=Vorheriger Eintrag
```

Abb. 17.5: Größe eines Laufwerks ändern

werk zur Verfügung zu stellen. Hierfür tragen Sie in der Eingabezeile *Neuer Speicher:* einen neuen Wert ein. Anschließend
bestätigen Sie die Eingabe mit OK.

Sobald Sie einen zu hohen oder zu niedrigen Wert eingeben,
macht Sie DoubleSpace sofort darauf aufmerksam. DoubleSpace
gibt Ihnen dann automatisch einen gültigen Wertebereich an.

Anschließend werden Sie merken, daß sich die Größe des komprimierten Laufwerkes verändert hat, allerdings zu Ungunsten des
Hostlaufwerkes.

## Verhältnis ändern...

*Komprimie-
rungsverhältnis
hängt vom Da-
tentyp ab*

Zum Komprimierungsverhältnis ist zu sagen, daß es sich bei diesen Werten um einen von DoubleSpace errechneten Durchschnittswert handelt. Da Sie auf Ihrer Festplatte sehr unterschiedliche Daten haben, können diese auch nur sehr unterschiedlich
erfolgreich komprimiert werden. Ein Tip: Lassen Sie sich auf einem schon eingerichteten DoubleSpace-Laufwerk das Verzeichnis mit dem Befehl

```
DIR /C
```

anzeigen. Anschließend werden Ihnen alle Dateien mit dem Komprimierungsverhältnis angezeigt. Wie Sie schnell sehen können,

erreichen Programmdateien maximal ein Komprimierungs-verhältnis von 1,8:1. Text- und Grafikdateien lassen sich wesentlich höher komprimieren und erreichen auch schon mal den Spitzenwert von 16:1. Das vorgegebene Verhältnis von 2:1 entspricht daher einer Komprimierung der Daten von 50%, was bei Programmdateien fast nie erreicht wird. Das oben beschriebene Infofenster gibt Ihnen das tatsächlich erreichte Komprimierungs-verhältnis eines Laufwerkes wieder. Der realistische Durchschnittswert liegt hier meistens bei 1,7:1. Zur Änderung rufen Sie im Infofenster den Befehl *Verhältnis* auf. In einem Dialogfenster wird Ihnen das geschätzte Komprimierungsverhältnis angezeigt. In einer Eingabezeile können sie das Verhältnis ändern. Erlaubt sind Werte zwischen 1 und 16. Eine höhere Eingabe als 2:1 macht aber nur Sinn, wenn Sie auf dem komprimierten Laufwerk Daten ablegen, die sich auch sehr hoch komprimieren lassen.

*16:1 oder 1:1*

## Weitere Optionen von DoubleSpace

DoubleSpace bietet neben der Einrichtung und Verwaltung von komprimierten Laufwerken auch einige Hilfsprogramme zur Pflege Ihrer komprimierten Daten. Unter dem Menü Hilfsmittel finden Sie einige nützliche Befehle.

### Defragmentieren...

Auch komprimierte Laufwerke weisen nach mehrmaligen Gebrauch nicht zusammenhängende Speicherblöcke auf. Das sogenannte Defragmentieren von DoubleSpace-Laufwerken kann nur mit dem eigens dafür vorgesehenen Befehl durchgeführt werden. Fortgeschrittenen Anwender werden sicherlich einige Defragmentier-Programme wie zum Beispiel Compress von PC Tools kennen. Da DoubleSpace-Laufwerke ein eigenes Speicherverfahren verwenden, können dementsprechenden Tools nicht eingesetzt werden. Den Befehl zum Defragmentieren finden Sie ebenfalls im Menü Hilfsmittel.

### Optionen...

Optionen bietet Ihnen in einer Dialogbox die Festlegung des Lastdrive für DoubleSpace-Laufwerke. Hiermit reservieren Sie für

*Lastdrive*

DoubleSpace eine bestimmte Anzahl an Laufwerksbuchstaben. Diese Option ist in erster Linie für Netzwerkbenutzer interessant, die auf die genaue Vergabe von Laufwerksbuchstaben achten müssen. Die zweite Eingabezeile dient zur Angabe der Anzahl auswechselbarer Datenträger. Diese Angabe kann für Double-Space von Nutzen sein, wenn Sie eine Diskette komprimieren möchten. In diesem Fall wählen Sie mit den Cursortasten einen Wert größer als 1.

*Datenträger*

## Formatieren

Schließlich sei noch der Format-Befehl von DoubleSpace erwähnt. Mir dem herkömmlichen Format-Befehl von DOS 6 kann ein DoubleSpace-Laufwerk nicht formatiert werden. Sollten Sie also einmal ein komprimiertes Laufwerk formatieren wollen, so müssen Sie dies über den Format-Befehl von DoubleSpace tun.

Rufen Sie hierfür DoubleSpace auf, markieren Sie in der Liste ein eingerichtetes Laufwerk, und wählen Sie den Befehl *Formatieren* aus dem Menü *Laufwerk*. DoubleSpace weist Sie dann darauf hin, daß Sie beim Formatieren des Laufwerkes alle Daten verlieren. Bestätigen Sie anschließend mit OK.

## Schritt 18:

# Batchdateien und AUTOEXEC.BAT

*In Batchdateien werden in der Regel mehrere nacheinander auszu-
führende DOS-Befehle zusammengefaßt. Diese können dann jederzeit durch Aufruf der entsprechenden Batchdatei (oder Stapeldatei)
abgearbeitet werden. In Batchdateien sind alle DOS-Befehle erlaubt,
auch Anwendungsprogramme können aus einer Batchdatei heraus
gestartet werden.*

*Stapeldateien*

## Anlegen einer Batchdatei

Wollen Sie eine Batchdatei anlegen, so verwenden Sie eine beliebige Textverarbeitung oder EDIT. Beachten Sie bitte, daß Batchdateien als ASCII-Dateien abgelegt werden müssen, also ohne
formatierende Steuerzeichen. Die Dateikennung für Batchdateien
ist .BAT.

Eine Batchdatei startet man durch Eingabe des Dateinamens,
sie wird wie jede andere Befehlsdatei auch geladen und gestartet.
Unterbrechen kann man eine Batchdatei jederzeit durch Strg C.
Es erscheint dann eine Sicherheitsabfrage, ob die Batchdatei wirklich abgebrochen werden soll. Wird diese verneint, wird die Ausführung fortgesetzt, sonst wird sie unterbrochen. Die nach jedem
Bootvorgang automatisch gestartete Batchdatei AUTOEXEC.BAT
muß im Hauptverzeichnis des ersten Festplattenlaufwerkes gespeichert werden, nur dort kann MS-DOS die AUTOEXEC-Datei finden.
Die in der AUTOEXEC-Datei gefundenen Befehle werden bei jedem
Startvorgang der Reihe nach abgearbeitet.

*Start einer
Batchdatei*

*AUTOEXEC.BAT
im Hauptver-
zeichnis*

## Die speziellen Batch-Befehle

In Batchdateien können einige besondere Befehle verwendet werden, die zur Steuerung derselben dienen. Dadurch werden Batchdateien quasi zu kleinen Programmen, in denen auch
Entscheidungen getroffen werden können.

Wird eine Batchdatei gestartet, ist automatisch der Echomodus aktiv. Der Echomodus bewirkt, daß jede in der Batchdatei ausgeführte Befehlszeile erst auf dem Bildschirm angezeigt wird. Wollen Sie dies vermeiden, schalten Sie den Echomodus mit ECHO aus - er kann jederzeit wieder aktiviert werden. Überdies ist es möglich, durch Voranstellen des "@"-Zeichens eine Befehlszeile nicht auszugeben, unabhängig vom aktuellen Echomodus:

```
@ECHO OFF
```

## Meldungen ausgeben mit ECHO

ECHO gibt eine Meldung auf dem Bildschirm aus. Wird kein Text angegeben, so gibt ECHO den aktuellen Zustand des Echomodus aus. Durch ON oder OFF kann der Echomodus ein und ausgeschaltet werden.

```
ECHO OFF

ECHO Dies ist eine Meldung

ECHO Das erscheint auf dem Drucker! >PRN
```

*Ausgabe auf*
*Drucker*

Wie Sie im letzten Beispiel sehen, eignet sich ECHO auch zur Ausgabe eines Textes auf dem Drucker. Natürlich können Sie auch jede beliebige Datei beschreiben.

## Schleifenbildung mit FOR

Mit Hilfe des FOR-Befehls können Sie eine Liste von Werten durcharbeiten und wiederholt ein beliebiges Kommando ausführen. Die Symntax von FOR ist:

```
FOR %%Variable IN (Liste) DO Kommando %%a
```

Durch DO wird der nachfolgende Befehl so oft ausgeführt, wie Werte in der Liste definiert sind. Es kann jedoch lediglich *ein* Befehl hinter DO definiert werden. Müssen mehr Befehle ausgeführt werden, so empfiehlt sich, eine Unter-Batchdatei durch CALL zu rufen. Wichtig ist, daß der Schleifenwert auch verwendet wird:

```
FOR %%A IN (A C D) DO TREE %%A >PRN
```

Werden in *Liste* Wild Cards verwendet, so setzt DOS für Variable jeden gefundenen Dateinamen einmal ein:

```
FOR %%A IN (*.*) DO ECHO %%A gefunden!
```

## Springen mit GOTO

Mit Hilfe von GOTO können Sie eine Marke in der Batchdatei unbedingt anspringen und auf diese Weise den Ablauf des Programmes kontrollieren:

```
GOTO NoDisk
```

In der Regel wird GOTO in Verbindung mit IF eingesetzt, um eine bedingte Programmverzweigung zu realisieren. Sprungmarken stehen einzeln in einer Befehlszeile und beginnen mit einem Doppelpunkt.

## Bedingte Programmausführung mit IF

In der bedingten Programmausführung wird ein Kommando nur unter bestimmten Bedingungen ausgeführt. IF kann die Existenz einer Datei prüfen, zwei Zeichenketten vergleichen und die Systemvariable ERRORLEVEL abfragen. Die allgemeine Befehlssyntax von IF ist:

```
IF [NOT] Bedingung Befehl
```

Durch NOT kann eine Bedingung auch umgekehrt werden, der nachfolgende *Befehl* wird also nur ausgeführt, wenn die Bedingung nicht zutrifft. *Befehl* ist eine normale DOS-Anweisung, häufig der GOTO-Befehl. *Bedingung* ist eine der drei folgenden Möglichkeiten:

```
Zeichenkette1 == Zeichenkette2
```

Sind die beiden zu vergleichenden Zeichenketten identisch, so ist die Bedingung wahr.

```
EXIST Dateiname
```

Existiert die angegebene Datei, so ist die Bedingung wahr.

```
ERRORLEVEL Code
```

Ist die Systemvariable ERRORLEVEL größer oder gleich *Code*, so ist die Bedingung wahr. Das folgende kleine Beispiel verdeutlicht, wie die bedingte Programmausführung eingesetzt wird. Existiert die Datei LISTE.LST nicht, kann sie auch nicht gelöscht werden, der entsprechende Befehl wird dann übersprungen (und eine Fehlermeldung vermieden).

```
@ECHO OFF

IF NOT EXIST LISTE.LST GOTO Weiter

DEL LISTE.LST

:Weiter

ECHO N | CHKDSK /V
```

*ERRORLEVEL*  Die meisten Programme übergeben einen Return-Code, der der Systemvariablen ERRORLEVEL zugewiesen wird. Der Return-Code gibt Auskunft darüber, ob ein Programm fehlerhaft oder erfolgreich verlassen wurde:

```
@ECHO OFF

BACKUP *.COM A:

IF NOT ERRORLEVEL 1 GOTO OK

ECHO Beim BACKUP sind Fehler aufgetreten

:OK
```

## Unterprogramme und Parameter

An jede Batchdatei können Parameter übergeben werden, und zwar bereits beim Aufruf in der Befehlszeile. Die Parameter stehen unter den Platzhaltern %1 bis %9 zur Verfügung. Sollten mehr als 9 Parameter angegeben worden sein, so können diese nur durch Verschieben der Liste erreicht werden. Einen nicht vorhandenen Parameter kann man einfach erfragen (siehe Zeile 2). Durch SHIFT rotiert man die Liste der Parameter um eine Stelle nach links, der erste Parameter geht dabei verloren.

```
@ECHO OFF
IF /%1==/ GOTO Ende
:Weiter
ECHO Parameter erkannt: %1
SHIFT
GOTO Weiter
:Ende
```

Es ist grundsätzlich möglich, innerhalb einer Batchdatei eine weitere Batchdatei aufzurufen. Das ist jedoch nicht nur durch Angabe des entsprechenden Batchnamens möglich, der eher einem GOTO entspricht, eine Rückkehr in den aufrufenden Batch findet dabei nicht statt. Wollen Sie einen Batch als "Unterprogramm" aufrufen, so verwenden Sie den CALL-Befehl.

*Batch als Unterprogramm*

```
FOR %%A IN (A B C D E) DO CALL WORKWITH %%A
```

Wie Sie sehen, können Sie einer Batchdatei natürlich auch bei Verwendung von CALL Parameter übergeben. Diese stehen dann wieder unter %1 bis %9 zur Verfügung. Der Aufruf von Batchdateien kann im übrigen beliebig tief geschachtelt werden, es muß nur genügend Speicher zur Verfügung stehen.

*Schachteln der Aufrufe*

    In einer Batchdatei können auch die aktuellen Variablen im Umgebungsspeicher des MS-DOS verwertet werden. Diese werden durch Prozentzeichen eingeschlossen:

*Statische Parameter*

```
ECHO Der Suchpfad lautet %PATH%

ECHO %TEMP% ist das Temporärverzeichnis
```

## Eingabeaufforderung mit CHOICE

Über CHOICE können Sie Eingabeaufforderungen oder sogar kleine Auswahlmenüs in Ihre Batchdateien einbauen. Für die Eingabeaufforderungen definieren Sie bestimmte Eingabetasten, die für die Eingabe zulässig sind. Jeder Taste wird dabei eine bestimmte Sprungmarke zugeordnet. Über Sprungmarken können Sie Unterprogramme innerhalb der Batchdatei einbauen. Drücken Sie nun eine vordefinierte Taste, wird das dementsprechende Unterprogramm abgearbeitet. CHOICE arbeitet hierbei mit der Systemvariablen ERRORLEVEL zusammen.

    CHOICE bietet nebenbei eine Anzahl von Parametern, mit deren Hilfe Sie Ihre Auswahlmenüs noch verfeinern können. So lassen sich Anweisungstexte in das Auswahlmenü integrieren, oder Sie definieren sogenannte Standardtasten, die Ihnen die Auswahl abnehmen, wenn Sie innerhalb eines bestimmten Zeitraumes keine Auswahl getroffen haben. Für jede Taste muß eine Sprungmarke definiert werden, die mit einer bedingten Programmausführung verbunden ist. Im folgenden soll Ihnen kurz die Syntax von CHOICE vorgestellt und anhand von einem Beispiel erklärt werden.

```
CHOICE [/C[:]Tasten] [/N] [/S] [/T[:]c, nn] [Text]
```

| Option | Wirkung |
|---|---|
| /C[:]Tasten | Definiert die Tasten für eine Eingabe. |
| /N | Blendet die Eingabeaufforderung aus. |
| /S | Groß- und Kleinschreibweise wird beachtet. |
| /T[:]c,m | CHOICE wartet eine bestimmte Anzahl von Sekunden bis zur Auswahl. Erfolgt vom Anwender keine Auswahl verwendet CHOICE eine bestimmte Taste als Standardeingabe. |
| c | definiert hierbei die Standardeingabe, mit der CHOICE fortfahren soll. |
| m | legt die Anzahl der Sekunden fest, die CHOICE pausieren soll. Das heißt, in diesem Zeitraum müssen Sie eine Auswahl getroffen haben, wenn CHOICE nicht die Standardeingaben verwenden soll. |

Tab. 18.1: Optionen von CHOICE

Geben Sie zum Beispiel in einer Batchdatei die folgende einfache Anweisung ein:

```
CHOICE /jna
```

Sie erhalten auf dem Bildschirm die Ausgabe:

```
[J,N,A]?
```

Sie haben nun die Auswahl zwischen den Tasten J, N oder A. Nur führt die Auswahl kein Programm aus. Wie Sie Ihre Eingabeaufforderung mit bestimmten Programmausführungen verbinden, erfahren Sie in der folgende Beispieldatei. Der Befehl CHOICE bietet Ihnen hier die Auswahl zwischen dem Programmen PC Tools oder MEM, die durch zwei ERRORLEVEL-Bedingungen aufgerufen werden, nämlich die Eingabe der Tasten A oder B. Das Beispiel können Sie natürlich beliebig erweitern, größere Menüs erstellen oder mit anderen Batchdateien verschachteln.

```
echo off
cls
echo Welches Programm möchten Sie ausführen?
```

```
echo A   PC Tools ausführen
echo B   MEM ausführen
echo.
choice /c:ab Wählen Sie bitte einen Buchstaben!
if errorlevel 2 goto MEM
if errorlevel 1 goto PCTOOLS
:PCTOOLS
pcshell
goto end
:MEM
mem
goto end
:end
```

## Laden von speicherresidenten Programmen

Wollen Sie in der AUTOEXEC-Datei ein speicherresidentes Programm laden und stehen Ihnen dazu auch der höhere Speicherbereich zur Verfügung (Upper Memory, siehe Schritt 20),
verwenden Sie LOADHIGH. LOADHIGH kann auch als LH abge-
kürzt werden und versucht, das gewünschte Programm in das
Upper Memory zu laden. Ist dies möglich, so wird der konventionelle Speicher nicht belastet. Steht kein oder nicht genügend Upper Memory zur Verfügung, lädt LOADHIGH das Programm ohne
weiteres in den konventionellen Speicher des Rechners. Hier einige Befehlszeilen, die Sie in Ihre AUTOEXEC-Datei einfügen sollten:

```
LOADHIGH KEYB GR,,C:\DOS\KEYBOARD.SYS

LOADHIGH DOSKEY
```

## Der Inhalt von AUTOEXEC.BAT

Während der Installation von MS-DOS 6 wird auf dem Zieldatenträger eine Batchdatei AUTOEXEC.BAT erzeugt, die nicht unbedingt jedem Anspruch gerecht wird. Ich möchte an dieser Stelle

deswegen eine typische AUTOEXEC-Datei vorstellen, die auch die Möglichkeiten des MS-DOS 6 sinnvoll nutzt.

```
@ECHO OFF
PROMPT $P$G
PATH C:\DOS;C:\WINDOWS
SET COMSPEC=C:\DOS\COMMAND.COM
SET TEMP=C:\DOS
LOADHIGH C:\DOS\KEYB GR,,C:\DOS\KEYBOARD.SYS
LOADHIGH C:\DOS\DOSKEY
VERIFY OFF
VER
```

Je nach Rechnerkonfiguration und voreingestellten Parametern bei der Installation sieht Ihre AUTOEXEC-Datei ein wenig anders aus - die hier dargestellte AUTOEXEC-Datei ist allerdings relativ typisch für die Arbeit mit MS-DOS 6.

## Schritt 19:

# Die Konfigurationsdatei CONFIG.SYS

Da PC nicht gleich PC ist, spricht man im allgemeinen von der Konfiguration des Systems, wenn man sich auf die Besonderheiten eines Rechners beziehen möchte. Doch der Begriff umfaßt mehr als nur die rein technisch bedingten Komponenten des Systems. Auch das Arbeitsumfeld spielt in der Konfiguration eine Rolle. Wie wird der Arbeitsspeicher eingesetzt? Welchen Betriebsmodus der Grafikkarte wähle ich? Auf welche Funktionen des Betriebssystemes will ich zurückgreifen, auf welche nicht? Die Funktionen und Möglichkeiten eines so leistungsfähigen Betriebssystemes wie MS-DOS kann man nach dem Einkaufswagen-Prinzip nutzen: Man packt nur die Dinge in den Wagen, die man auch wirklich benötigt.

*Konfiguration*

In der sogenannten *Konfigurationsdatei* teilt der Benutzer dem MS-DOS mit, mit welcher Betriebssystem-Konfiguration er arbeiten möchte. Die Konfigurationsdatei enthält so gesehen also eine Reihe von Befehlen, die MS-DOS mitteilen, was zu berücksichtigen ist. Und da die Konfiguration für das Arbeitsumfeld des MS-DOS sehr wichtig ist, ist die Interpretation der Konfigurationsdatei eine der ersten Aufgaben von MS-DOS nach dem Booten des Rechners. Noch lange bevor die ersten Befehlen eingegeben werden können, richtet MS-DOS sich selbst entsprechend den in der Konfigurationsdatei definierten Befehlen ein.

*Konfigurationsdatei des MS-DOS*

So können Sie in der Konfigurationsdatei beispielsweise die Anzahl und Größe der einzurichtenden RAM-Disk-Laufwerke definieren, die Anzahl der für den Datenaustausch zwischen Datenträgern und Arbeitsspeicher erforderlichen Plattenpuffer oder einfach den sogenannten Landescode, der für das verwendete Format von Datum und Uhrzeit verantwortlich zeichnet.

Nach dem Start sucht MS-DOS automatisch nach der Konfigurationsdatei, allerdings ausschließlich im Hauptverzeichnis. Sollte CONFIG.SYS in einem anderen Verzeichnis gespeichert sein, findet MS-DOS sie nicht. Existiert die Datei, wird die Datei beim Starten (Booten) des Systems geladen und die darin enthaltenen Anweisungen bezüglich der Konfiguration ausgeführt, etwaige Standardeinstellungen werden dann durch die jeweiligen Anweisungen in der Konfigurationsdatei ersetzt.

*Automatisches Laden nach dem Start*

Sollte CONFIG.SYS nicht im Hauptverzeichnis des Startlaufwerkes existieren, ist MS-DOS dennoch voll einsatzfähig. MS-DOS verwendet in diesem Fall für alle Komponenten des Systems lediglich entsprechende Standardeinstellungen, die für den üblichen Betrieb mit MS-DOS in der Regel auch vollkommen ausreichend sind.

Es stehen verschiedene Möglichkeiten zur Verfügung, um die Konfigurationsdatei CONFIG.SYS zu erstellen oder eine bestehende Konfigurationsdatei zu bearbeiten. So können Sie jede beliebige Textverarbeitung oder einfach den Ganzseiten-Editor EDIT verwenden. Sollten Sie eine Textverarbeitung verwenden, ist lediglich darauf zu achten, daß Sie eine reine ASCII-Datei erzeugen, die keine Steuerzeichen enthält.

## Die Befehle der Konfigurationsdatei

Der Umfang der Konfigurationsdatei CONFIG.SYS ist grundsätzlich beliebig. In jeder Befehlszeile darf jeweils nur ein Befehl definiert werden, denn MS-DOS interpretiert jede Befehlszeile separat. Nachfolgend werden die ausschließlich in der Konfigurationsdatei zulässigen Befehle beschrieben.

### BREAK

Mit BREAK definieren Sie, ob auch während Plattenzugriffen die Tastenkombination Strg C abgefragt wird. Nur wenn BREAK ON definiert wurde, können Programme und Befehle während eines Plattenzugriffes abgebrochen werden.

```
BREAK=ON
```

### BUFFERS

Der BUFFERS-Befehl definiert, wie viele Puffer für den Datenaustausch zwischen MS-DOS und den Datenträgern zur Verfügung gestellt werden. Pro Puffer werden 512 Byte reserviert, genau ein Sektor findet hier Platz. Bis zu 99 Puffer können eingerichtet werden. Zu empfehlen sind in der Regel zwischen 15 und 30 Puffer.

```
BUFFERS=25
```

Der optionale zweite Parameter *Cache* definiert den Umfang des sekundären Cache-Speichers. Alle Werte zwischen 0 und 8 sind möglich. Wird 0 angegeben, ist die Funktion abgeschaltet (Default). Je Einheit werden 512 Byte Speicher benötigt. Ein Sekundär-Cache sollte nur verwendet werden, wenn SMARTDRV nicht auch eingesetzt wird.

```
BUFFERS=25,8
```

Wird BUFFERS nicht angegeben, richtet MS-DOS automatisch eine bestimmte Anzahl an Festplattenpuffern ein, deren genaue Anzahl von der Speicherausstattung des Rechners abhängig ist:

*Automatik*

| Konfiguration (RAM) | Puffer | Speicherbedarf |
|---|---|---|
| Weniger als 128 KB | 2 | 0 |
| Weniger als 128 KB | 3 | 0 |
| Zwischen 128 und 256 KB | 5 | 2672 |
| Zwischen 256 und 512 KB | 10 | 5328 |
| Ab 512 KB RAM | 15 | 7984 |

Tab. 19.1: Mögliche Speicher-Konfigurationen

## COUNTRY

Der COUNTRY-Befehl definiert den Landescode, der für das Datumsformat sowie für einige andere länderspezifischen Besonderheiten besonders wichtig ist. Neben dem Landescode kann optional auch eine standardmäßig zu verwendende Code Page definiert werden, sofern nicht die Default-Code-Page verwendet wird, was in der Regel jedoch der Fall sein dürfte. Als dritten Parameter gibt man den Dateinamen der Hilfsdatei an, aus der COUNTRY seine Informationen bezieht. Dies ist in der Regel die Datei COUNTRY.SYS im Systemverzeichnis.

*Landescode*

```
COUNTRY=049,,C:\DOS\COUNTRY.SYS
```

## DEVICE

Durch DEVICE wird ein Gerätetreiber installiert. Gerätetreiber verfügen in der Regel über die Dateikennung .SYS und werden bei-

*Gerätetreiber*
*laden*

spielsweise zur Steuerung der Maus eingesetzt. Mit Hilfe von DE-VICE kann einer der folgenden Standard-Gerätetreiber installiert werden:

| Name | Beschreibung |
|------|--------------|
| ANSI.SYS | ANSI-Steuersequenzen (Bildschirm/Tastatur) |
| DBLSPACE.SYS | Verschiebt DBLSPACE in den hohen Speicherbereich |
| DISPLAY.SYS | Bildschirmtreiber für Code Pages |
| DRIVER.SYS | Erweiterter Laufwerkstreiber |
| EMM386.EXE | Treiber zur Verwaltung der Speichererweiterung |
| HIMEM.SYS | Treiber zur Verwaltung des Extended Memorys |
| RAMDRIVE.SYS | Virtuelles Laufwerk (RAM-Disk) |
| SMARTDRV.EXE | Treiber zur Beschleunigung der Festplatten |
| SETVER.EXE | Verwaltung Versionsnummern |

Tab. 19.2: Unterstützte Gerätetreiber unter MS-DOS

## DEVICEHIGH

Durch den DEVICEHIGH-Befehl wird ein Gerätetreiber im Upper Memory (reservierter Speicherbereich zwischen 640 KByte und ein MByte) installiert, wodurch der konventionelle Arbeitsspeicher des Rechners entlastet werden kann. Der Unterschied zu DEVICE besteht darin, daß DEVICEHIGH versucht, den Gerätetriber in den hohen Speicherbereich zu laden. Dazu ist es allerdings erforderlich, zuvor den entsprechenden Treiber EMM386.EXE installiert zu haben. Ferner muß die Verwendung des hohen Speicherbereiches durch folgende Anweisung zugelassen werden:

```
DOS=UMB
```

Wollen Sie beispielsweise den Gerätetreiber ANSI.SYS ins Upper Memory laden, verwenden Sie folgende Anweisung:

```
DEVICEHIGH=C:\DOS\ANSI.SYS
```

## DOS

Neben dem konventionellen Arbeitsspeicher kennt MS-DOS noch den als Upper Memory Block (UMB) bezeichneten hohen Speicherbereich, der den reservierten Speicherbereich des Systems überlagert, sowie den als HMA bezeichneten, 64 KByte umfassenden Speicherbereich. Beide Speicherarten stehen nur dann zur Verfügung, wenn die entsprechenden Treiber installiert wurden und gewisse Mindestvoraussetzungen erfüllt sind, so beispielsweise wenigstens ein 80386-Prozessor sowie genügend Extended Memory. Die allgemeine Befehlssyntax des DOS-Befehls lautet:

```
DOS=[HIGH|LOW][,UMB|NOUMB]
```

HIGH      Sofern der Rechner über den als High Memory Area (HMA) bezeichneten, 64 KByte umfassenden Speicherbereich verfügt, werden Teile des MS-DOS in diesen Speicherbereich ausgelagert (Default).

LOW      Es werden selbst dann keine Teile des Betriebssystemes in den 64 KByte umfassenden und als High Memory Area (HMA) bezeichneten Speicherbereich ausgelagert, wenn dieser eingerichtet worden ist.

UMB      Definiert, daß ein eventuell vorhandener Upper Memory Bereich (reservierter hoher Speicher) von MS-DOS verwendet werden darf.

NOUMB      Eventuell vorhandenes Upper Memory wird von MS-DOS explizit *nicht* verwendet (Default).

Nachfolgend ein Beispiel für die korrekte Verwendung von Gerätetreibern und DOS-Befehl:

```
DEVICE=C:\DOS\HIMEM.SYS
DEVICE=C:\DOS\EMM386.EXE NOEMS
DOS=HIGH,UMB
DEVICEHIGH=C:\DOS\ANSI.SYS
```

## DRIVPARM

Mit Hilfe von DRIVPARM können Sie die Spezifikationen für ein physikalisch vorhandenes Laufwerk neu definieren. DRIVPARM wird ähnlich verwendet wie DRIVER, mit dem Unterschied, daß

DRIVPARM bekannte Laufwerke bearbeitet, während durch DRI-VER *neue* Laufwerke definiert werden.

```
DRIVPARM=/D:d [/C][/F:f][/H:h][/N][/S:s][/T:t][/I]
```

| Option | Wirkung |
|--------|---------|
| /D:d | Definiert Kennung des Laufwerkes (0=A, 1=B etc.) |
| /C | Laufwerk erkennt einen Diskettenwechsel. |
| /F:f | Definiert den Laufwerkstyp mit 0=360 KB, 1=1,2 MB, 2=720 KB, 5=Festplatte, 6=Bandlaufwerk, 7=1,44 MB und 9=2,88 MB. |
| /H:h | Definiert die Anzahl der Schreib-/Leseköpfe. |
| /N | Laufwerk kann nicht gewechselt werden. |
| /I | Kennzeichnet ein 3,5-Zoll-Laufwerk, das vom System nicht unterstützt wird. |
| /S:s | Definiert die Anzahl Sektoren pro Spur. |
| /T:t | Definiert die Anzahl der Spuren. |

Tab. 19.3: Befehlssyntax und Optionen von DRIVPARM

## FCBS

Durch FCBS definieren Sie die Anzahl an Dateien, die gleichzeitig geöffnet werden können, sofern File Control Blocks verwendet werden. Ab DOS 2.11 werden neben FCBs auch File Handler zur Verwaltung von Dateien eingesetzt, die von den meisten heute im Einsatz befindlichen Programmen favorisiert werden. Sie definieren mit dem ersten Parameter, wie viele Dateien maximal gleichzeitig geöffnet werden können (1 bis 255) und mit dem zweiten Parameter, wie viele davon für Schließen gesichert sind (1 bis 255). Folgendes ist in der Regel mehr als ausreichend:

```
FCBS=10,10
```

## FILES

Durch FILES geben Sie an, wie viele Dateien gleichzeitig geöffnet werden können. Standardmäßig sind dies unter MS-DOS 20, bis zu 255 sind jedoch möglich. In der Regel sind 20 bis 30 gleichzeitig offene Dateien zu empfehlen (Speicherbedarf pro offene Datei: 48 Byte):

```
FILES=30
```

## INCLUDE

Include gehört zu einer Reihe von neuen Befehlen, mit dem innerhalb der CONFIG.SYS mehrere Konfigurationen definiert werden können. Include arbeitet dabei mit Blöcken - ähnlich den Sektionen innerhalb der INI-Dateien unter Windows -, in denen mehrere Konfigurationsbefehle eingetragen sind. Jedem Block kann ein bestimmter Name vergeben werden. Vergleichen Sie auch die Befehle MENUITEM, MENUDEFAULT, MENUCOLOR und SUBMENU. Mit Hilfe von INCLUDE können Sie den Inhalt eines Blockes in eine anderen Block übernehmen.

```
INCLUDE=Blockname
```

## INSTALL

INSTALL erlaubt, ein resident zu installierendes DOS-Kommando bereits in der Konfigurationsdatei zu laden und im Hauptspeicher abzulegen. Folgende DOS-Befehle können mit INSTALL installiert werden:

- FASTOPEN.EXE
- KEYB.COM
- NLSFUNC.EXE
- SHARE.EXE

Natürlich lassen sich beim Aufruf der Anwendung wie gewohnt auch Optionen definieren:

```
INSTALL=C:\DOS\KEYB.COM GR,,\DOS\KEYBOARD.SYS
```

## LASTDRIVE

Durch LASTDRIVE definieren Sie die größtmögliche Laufwerkskennung, die während der Arbeit mit MS-DOS 6 verwendet werden soll. MS-DOS ermittelt beim Booten selbständig, wie viele physikalische und logische Laufwerke benötigt werden. Wollen Sie dies jedoch explizit definieren, so ist dies mit LASTDRIVE möglich:

```
LASTDRIVE=J
```

## MENUCOLOR

Sie können jetzt mit speziellen CONFIG.SYS-Befehl Startmenüs erstellen, aus den Sie bestimmte Konfigurationen auswählen können. Wie Sie dabei vorgehen, erfahren Sie weiter unten. MENU-COLOR dient lediglich zur Einstellung der Hintergrundfarben für das definierte Startmenü. Die Syntax lautet:

```
menucolor x, y
```

wobei x die Farbe des Textes im Startmenü festlegt und der Parameter y die Hintergrundfarbe. Die Farben werden über bestimmte Zahlen eingestellt, die Sie aus der Tabellen entnehmen können.

---

**Farbwerte**

---

| | |
|---|---|
| 0 = Schwarz | 8 = Grau |
| 1 = Blau | 9 = Hellblau |
| 2 = Grün | 10 = Hellgrün |
| 3 = Cyanblau | 11 = Helles Cyanblau |
| 4 = Rot | 12 = Hellrot |
| 5 = Karmesinrot | 13 = Helles Karmesinrot |
| 6 = Braun | 14 = Gelb |
| 7 = Weiß | 15 = Strahlend weiß |

---

Tab. 19.4: Farbwerte für MENUCOLOR

## MENUDEFAULT

Optional kann in Ihrem Auswahlmenü eine Standardkonfiguration eingebaut werden, die Sie auch mit einer Karenzzeit verbinden können. Das heißt, wenn Sie nach einer bestimmten Zeit keine Auswahl getroffen haben, wird Ihr Rechner mit der Standardkonfiguration hochgefahren, die Sie über MENUDEFAULT und einem Blocknamen definiert haben. Für den Zeitraum können maximal 90 Sekunden festgelegt werden.

```
MENUDEFAULT=Blockname[,Zeit]
```

## MENUITEM

Der eigentliche Befehl für die Erstellung eines Auswahlmenüs lautet MNEUITEM. Er dient zur Definition sogenannter Blöcke oder Sprungmarken, wie Sie es schon von den erwähnten Batch-Befehlen herkennen. In diesen Blöcken oder Sprungmarken gruppieren Sie bestimmte CONFIG.SYS-Befehle nach Ihrer Wahl. Das Auswahlmenü bietet Ihnen dann bestimmte Blöcke an, deren Befehle ausgeführt werden sollen. So kann für jeden Blocknamen auch ein Menütext eingetragen werden, der bis 70 Zeichen lang sein darf. Starten Sie dann Ihren Computer, erscheint ein komfortables Auswahlmenü, in dem Sie mit den Cursortasten eine Option markieren können und über ⏎ ausführen.

```
MENUITEM = Blockname[,Menütext]
```

Ein Auswahlmenü erscheint nur dann, wenn Sie vorher den Kopf des Menüs mit dem Befehl [MENU] festlegen. In diesem Beispiel bietet Ihnen das Menü die Auswahl, entweder den CD ROM-Treiber zu laden oder eine RAM-Disk einzurichten:

```
[menu]
menucolor 14,4
menuitem = cdrom, CD ROM-Treiber laden
menuitem = ramdisk, RAM-Disk installieren
[cdrom]
device = treiber.sys
[ramdisk]
device = ramdrive.sys 1024 /e
```

Booten Sie Ihren Rechner, erscheint folgendes Auswahlmenü auf Ihrem Bildschirm, wobei der Text in gelb und der Hintergrund in rot erscheint:

```
Startmenü für MS-DOS 6
        1.    CD ROM-Treiber laden

        2.    RAM-Disk installieren

Wählen Sie die gewünschte Option: 1
```

## REM

*Bemerkungen*

Der REM-Befehl erlaubt, innerhalb der CONFIG-Datei Bemerkungen zu definieren, die keinerlei Auswirkung auf die Ausführung der Konfigurationsdatei haben:

```
REM Laden der Gerätetreibers ANSI.SYS
```

## SHELL

*Kommandopro-*
*zessor laden*

Durch SHELL wird der Kommandoprozessor geladen. Dies geschieht zwar auch ohne den SHELL-Befehl automatisch, durch SHELL haben Sie jedoch die Möglichkeit, die Größe des Umgebungsspeichers zu definieren oder einen altrernativen Kommandoprozessor zu laden.

```
SHELL=C:\DOS\COMMAND.COM /P /E:512
```

Durch /P definieren Sie, daß COMMAND.COM permanent installiert, also nach der Installation nicht direkt wieder aus dem Speicher entfernt wird. Und mit /E wird die Größe des Umgebungsspeichers angegeben.

## STACKS

Mit Hilfe der STACKS-Anweisung wird die Anzahl der für MS-DOS einzurichtenden Stack Frames sowie deren Größe angegeben. So lange während der Arbeit mit MS-DOS 6 und den verwendeten Anwendungsprogrammen kein Problem auftritt, besteht grundsätzlich keine Veranlassung, in die Verwaltung der Stack Frames einzugreifen. Anderenfalls definieren Sie den Stack Frame beispielsweise wie folgt:

```
STACKS=10,256
```

## SUBMENU

Sie haben vorher schon den Befehl MENUITEM kennengelernt. Über SUBMENU können Sie Ihr Auswahlmenü praktisch verschachteln und erweitern, indem Sie Unterauswahlmenüs erstellen. Die Syntax lautet ähnlich wie bei MENUITEM:

```
SUBMENU      Blockname [,Menütext]
```

Über den Kopf des Auswahlmenüs [MENU] definieren Sie einfach
einen Untereintrag:

```
[menu]
menuitem = ...
menuitem = ...
submenu = Netzwerke
[netzwerke]
menuitem = ...
menuitem = ...
...
```

## SWITCHES

Verfügt Ihr Rechner über eine erweiterte Tastatur mit mehr als 100
Tasten, so haben Sie durch die SWITCHES-Anweisung die Möglichkeit, diese Tastatur als konventionelle Tastatur zu verwenden,
d.h. die erweiterten Möglichkeiten werden nicht genutzt. Das ist
beispielsweise immer da sinnvoll, wo es Kompatibilitätsprobleme
wegen einer erweiterten Tastatur gibt:

*Erweiterte
Tastatur*

```
SWITCHES=/K
```

Darüber hinaus können Sie mit SWITCHES definieren, ob die
Windows-Datei WINA20.386 im Hauptverzeichnis des Startlaufwerkes gespeichert ist, was normalerweise der Fall ist, oder nicht.
Wollen Sie die betreffende Datei aus Platzgründen auf einem anderen Laufwerk oder in einem anderen Verzeichnis speichern,
verwenden Sie die Anweisung:

```
SWITCHES=/W
```

# Die Gerätetreiber

Mit Hilfe von DEVICE und DEVICEHIGH können Sie verschiedene Gerätetreiber installieren. Hardware-Anbieter stellen
meistens Gerätetreiber zur Verfügung, mit deren Hilfe man die
Geräte ins Betriebssystem einbindet, etwa die Maus. MS-DOS 6
verfügt jedoch bereits von Hause aus über etliche Gerätetreiber,
die nachfolgend kurz vorgestellt werden.

### ANSI.SYS

Der Gerätetreiber ANSI.SYS stellt einen erweiterten Bildschirm-
und Tastaturtreiber dar. Nur wenn Sie diesen laden, können Sie
Ihre Tastatur umprogrammieren oder über spezielle Steuersequenzen verfügen.

### DBLSPACE.SYS

Wollen Sie den Treiber für die Festplattenverdoppelung
DBLSPACE.BIN in den höheren Speicherbereich laden, müssen Sie
den zusätzlichen Gerätetreiber DBLSPACE.SYS einbinden.

```
DEVICE = DBLSPACE.SYS /MOVE
```

### DISPLAY.SYS

Wollen Sie mit Code Pages arbeiten, müssen Sie DISPLAY als Treiber für Ihren Bildschirm einsetzen.

### DRIVER.SYS

Mit Hilfe von DRIVER können Sie ein zusätzliches logisches Laufwerk anlegen. Die Parameter für das logische Laufwerk entspre-
chen komplett den unter DRIVPARM beschriebenen.

### EMM386.EXE

*Expanded*
*Memory*

Durch EMM386.EXE können Sie auf Rechnern mit 80386 oder
i486 nicht nur Teile des Extended Memorys zu Expanded Memory
nach LIM EMS 4.0 machen, sondern darüber hinaus auch Upper
Memory einrichten. Eine nähere Beschreibung finden Sie Schritt
20.

### HIMEM.SYS

Der Gerätetreiber HIMEM.SYS dient der Verwaltung des Extended
Memorys. In erster Linie wird durch diesen Treiber verhindert,

daß verschiedene Anwendungsprogramme ein und denselben Speicherbereich im Extended Memory mehrfach adressieren. Überdies kann unter MS-DOS 6 der Hauptspeicher auf Rechnern, die wenigstens mit einem 80286 ausgestattet sind, um nahezu 64 KByte erweitert werden, so daß insgesant bis zu 700 KByte Hauptspeicher zur Verfügung stehen. Die zusätzlichen 64 KByte des Hauptspeichers werden aus dem Extended Memory (XMS) des Rechners rekrutiert und als HMA bezeichnet, als High Memory Area. HMA steht nur dann zur Verfügung, wenn in der Konfigurationsdatei der Befehl DOS=HIGH enthalten ist.

*XMS
High Memory
Area*

```
DEVICE=C:\DOS\HIMEM.SYS

DOS=HIGH,NOUMB
```

## RAMDRIVE.SYS

Mit Hilfe von RAMDRIVE.SYS richten Sie eine RAM-Disk ein, für die MS-DOS eine separater logische Laufwerkskennung reserviert. Die logischen Laufwerkskennungen werden in der Reihenfolge der installierten Gerätetreiber vergeben. Durch mehrfaches Verwenden von RAMDRIVE.SYS können auch mehrere RAM-Disk-Laufwerke eingerichtet werden.

## SETVER.EXE

Es kommt immer wieder zu Schwierigkeiten, weil bestimmte Anwendungsprogramme ganz spezielle DOS-Versionsnummern erwarten und ihren Dienst versagen, wenn diese Versionsnummer nicht exakt von MS-DOS zurückgegeben wird. Um Komplikationen dieser Art zu vermeiden, läßt sich jeder Anwendung mit Hilfe von SETVER eine andere DOS-Version "vorgaukeln", als tatsächlich installiert ist. Dazu muß der Gerätetreiber SETVER.EXE installiert werden.

## SMARTDRV.EXE

Mit Hilfe von SMARTDRV besteht die Möglichkeit, das Arbeiten mit der Festplatte zu beschleunigen. Jeder Zugriff auf die im Rechner installierten Festplattenlaufwerke wird durch SMARTDRV registriert. Und wenn Daten gelesen werden, werden diese nicht

nur an die Anwendung oder an das Betriebssystem weitergegeben, sondern gleichzeitig auch in einem Zwischenspeicher fest-
gehalten.

### Beispiele

Die nachfolgende Konfigurationsdatei kann für einen PC, der wenigstens mit einem 80386 ausgestattet ist und darüber hinaus mit
mehr als einem MByte Arbeitsspeicher verfügt, als typisch bezeichnet werden. Es wird sowohl High Memory als auch Upper Memory
eingerichtet.

```
COUNTRY=49,,C:\DOS\COUNTRY.SYS
BUFFERS=25
FILES=25
LASTDRIVE=F
SHELL=C:\DOS\COMMAND.COM /P /E:256
DEVICE=C:\DOS\SETVER.EXE
DEVICE=C:\DOS\HIMEM.SYS
DEVICE=C:\DOS\EMM386.EXE
DEVICEHIGH=C:\DOS\ANSI.SYS
DOS=HIGH,UMB
```

Die nachfolgende Konfigurationsdatei könnte als typisch bezeichnet werden für einen AT, der wenigstens mit einem 80286 ausgestattet ist und darüber hinaus mit einem MByte Arbeitsspeicher
oder mehr verfügt. Es wird High Memory eingerichtet, der den
konventionellen Arbeitsspeicher entlastet. Eine angenehme Konfiguration für ATs.

```
COUNTRY=49,,C:\DOS\COUNTRY.SYS
BUFFERS=25,8
FILES=25
LASTDRIVE=F
SHELL=C:\DOS\COMMAND.COM /P /E:256
DEVICE=C:\DOS\SETVER.EXE
DEVICE=C:\DOS\HIMEM.SYS
DEVIC=C:\DOS\ANSI.SYS
DOS=HIGH,NOUMB
```

# Schritt 20:

# Speicher optimieren mit Memmaker

*Bereits unter DOS 5 wurde einiges an der Speicherverwaltung verbessert, nur daß die optimale Konfiguration des Rechners in den Händen des Anwenders lag. Mit dem Programm Memmaker wird die Speicheroptimierung nun automatisch durchgeführt, ohne daß der Anwender bestimmte Vorkenntnisse über die Speicherverwaltung von DOS haben muß. Durch eine bedienerfreundliche Benutzerführung konfiguriert Memmaker Ihre System und versucht die optimale Speicherlösung für Sie zu berechnen.*

Viele Programme nutzen nur konventionellen Speicher. Doch oft erscheint eine Fehlermeldung, der Speicher sei zu klein. Oft liegt es daran, daß Sie zu viele speicherresidente Programme geladen haben, die den RAM natürlich einengen. Unter DOS 5 hatte man schon die Möglichkeit andere Speicherbereiche als den herkömmlichen RAM zu nutzen. So konnte man Teile von DOS in den sogenannten High-Memory verschieben, soweit der Rechner dies zuließ. Unter Memmaker wurden diese Möglichkeiten noch verbessert. Auch der Speichermanager EMM386.EXE wurde überarbeitet und stellt nun einen noch größeren oberen Speicherbereich (UMB) zur Verfügung.

## Voraussetzungen

Memmaker arbeitet eng mit dem Speichermanager EMM386.EXE zusammen. Um mit Memmaker arbeiten zu können, brauchen Sie einen Rechner mit 386 oder 486er Prozessor. Ferner sollte Ihr Rechner mindestens 1 MByte RAM besitzen, denn Memmaker benötigt für eine optimale Konfiguration Erweiterungsspeicher.

## Speicheraufteilung

Um die Arbeit von Memmaker zu verstehen, sollten Sie sich vorher einen kleinen Überblick über die Speicherarten verschaffen, mit denen Ihr Computer arbeitet. In Schritt 6 haben Sie schon etwas über den MEM-Befehl erfahren, der Ihnen die momentane Speicherbelegung Ihres Computers anzeigt. Die folgende Tabelle zeigt alle möglichen Speicherarten:

### Herkömmlicher Speicher (RAM) 0-640 KByte
Wird von allen DOS-Programmen beansprucht.

### Upper Memory (UMB) 640-1024 KByte
Dieser Bereich wird als oberer Speicherbereich bezeichnet und überwiegend von Hardwaretreibern belegt. Auf einem 386 oder 486er Computer können die freien Bereiche für andere Programme verwendet werden. Hierfür muß allerdings der Speichermanager EMM386.EXE geladen sein.

### Extended Memory (XMS)
Erweiterungsspeicher über der 1 MByte-Grenze, der von dem Speichermanager HIMMEM.SYS verwaltet wird.

### High Memory Area (HMA)
Bezeichnet die ersten 64 KByte des Extended Memory. MS DOS kann über einen bestimmten Befehl in diesen Speicherbereich geladen werden, um konventionellen Speicher zu sparen.

### Expanded Memory (EMS)
Erweiterungsspeicher, der über Extended Memory simuliert werden kann. Hierfür muß allerdings der Speichermanager EMM386.EXE Expanded Memory erst zur Verfügung stellen.

*RAM entlasten*   Erstes Ziel von Memmmaker ist es, den herkömmlichen Speicher RAM zu entlasten und eventuell residente Programme, Treiber und Teile von DOS selber falls möglich in die noch freien Bereiche des oberen Speicherbereich oder des High Memories zu verlagern. Zur Optimierung werden in erster Linie Ihre Konfigurationsdatei CONFIG.SYS und die Datei AUTOEXEC.BAT angepaßt. Im nächsten Abschnitt wird die Vorgehensweise erklärt.

## Memmaker starten

Bevor Sie Memmaker aufrufen, sollten Sie Ihre momentane Speicherbelegung mit MEM anzeigen lassen. Notieren Sie sich die maximale Größe für ausführbare Programme.

So haben Sie später eine Kontrollmöglichkeit. Starten Sie Memmaker nun einfach durch die Eingabe von

```
C:\MEMMAKER
```

Sie gelangen dann in der Eröffnungsbildschirm von Memmaker. Mit Hilfe der Eingabetaste bestätigen Sie eine Auswahl. Zur Auswahl einer Option benutzen Sie die Taste ⬚. F3 beendet Memmaker. Über F1 erhalten Sie jederzeit Hilfe.

### Express-Setup

Memmaker kann auf zwei Arten durchgeführt werden. Für ungeübte Anwender, denen die Speicherorganisation von DOS nicht geläufig ist, bietet Memmaker ein Express-Setup an. Memmaker optimiert dann Ihren Speicher vollautomatisch mit bestimmten Voreinstellungen. Führen Sie dann folgende Schritte durch:

1. Starten Sie Memmaker.

2. Es erscheint der Eröffnungsbildschirm. Bestätigen Sie dann einfach mit ⏎.

3. Im nachfolgenden Bildschirm erscheint eine Abfrage über die Verwendung von Expanded Memory. Default ist die Option auf NEIN gestellt. Drücken Sie dann erneut ⏎, um fortzufahren.

4. Anschließend wird Ihr Rechner neu gestartet. Sie gelangen aber nicht auf die DOS-Ebene, sondern erhalten sofort eine neue Bildschirmmeldung von Memmaker. Das Programm führt nun einige Tests durch, um die bestmögliche Konfiguration zu ermitteln. Drücken Sie nun erneut ⏎, wird Ihr Rechner zum zweiten Mal gestartet. Diesmal allerdings mit der neuen Speicherkonfiguration.

5. Zum Schluß fragt Sie Memmaker, ob während des Bootvorgangs Probleme aufgetaucht sind. Wenn nicht, bestätigen Sie die Einstellung JA mit ⏎.

In einer Tabelle werden Ihnen die Ergebnisse der Speicheroptimierung nochmals angezeigt. Interessant sind hier die Angaben zum freien Arbeitsspeicher vor der Durchführung von Memmaker und danach. Sie können also genau den Unterschied vor und nach der Optimierung feststellen. Bei einer optimalen Konfiguration zeigt MEM 632 KByte freien Speicher an.

## Benutzerdefiniertes Setup

Das benutzerdefinierte Setup bietet einige Optionen, mit denen Sie Memmaker anweisen können, noch weitere Optimierungs-möglichkeiten auszuschöpfen. Wenn der Bildschirm zur Auswahl des Setupverfahrens erscheint, drücken Sie die Taste ⌷ zur Auswahl des benutzerdefinierten Setups. Verfahren Sie anschlie-ßend wie beim Express-Setup. Bestätigen Sie zweimal mit ⌷. Sie gelangen dann in den Bildschirm für die Einstellungen der Optionen von Memmaker. Alle Optionen erreichen Sie mit den Cursortasten. Zur Beantwortung einer Option benutzen Sie die Taste ⌷. Haben Sie alle Einstellungen vorgenommen, bestä-tigen Sie mit ⌷, doch vorher seien die sechs Optionen kurz er-klärt:

### Optimierung für jeden Gerätetreiber bestätigen?
Normalerweise versucht Memmaker alle Treiber und speicherre-sidente Programme in den Optimierungsvorgang miteinzubezie-hen. Verursachen einige Programme allerdings Probleme, so können Sie bestimmte Treiber von der Optimierung ausschließen. Haben Sie die Option auf Ja eingestellt, müssen Sie jeden gefun-denen Treiber mit Ja oder Nein bestätigen.

### Hohen Speicherbereich verstärkt durchsuchen?
Diese Option sollten Sie auf Nein setzen, wenn Ihr Computer nach der Optimierung nicht korrekt arbeitet. Bei einigen Computern kann der Obere Speicherbereich (UMB) nicht optimal ausgenutzt werden.

### Optimierung des hohen Speicherbereichs für Windows?
Die Einstellung auf Ja hat nur Sinn, wenn Sie viele DOS-Program-me unter Windows laufen lassen und ihnen trotz Windows noch relativ viel konventioneller Speicher zur Verfügung gestellt wer-den soll. Belassen Sie die Einstellung auf Ja, wenn Sie unter Win-dows überwiegend Windowsapplikationen verwenden.

### Verwenden des Monochromen Bereichs für Anwendungen?
Im hohen Speicherbereich sind 32 KByte für Monochrom-Bild-schirmadapter reserviert, die aber unter Verwendung von EGA- oder VGA-Monitoren brachliegen. Sie können Memmaker anwei-sen diesen Speicherbereich ebenfalls für Treiber zur Verfügung zu stellen. Verwenden Sie allerdings einen Super VGA-Bildschirm, sollten Sie die Option auf Nein stellen.

```
Microsoft MemMaker

                    Weitere Optionen
---------------------------------------------------------------
Angeben der in der Optimierung berücksichtigten Treiber/TSR ?   Nein
Hohen Speicherbereich verstärkt durchsuchen?                    Ja
Optimierung des hohen Speicherbereichs für Windows?            Nein
Verwendung des Monochrombereichs (B000-B7FF) für Anwendungen?   Ja
Vorhandene EMM386-Speicheraus- und einschlüsse verwenden?       Ja
Verlegung des erweiterten BIOS-Datenbereichs in hohen Speicher? Ja
---------------------------------------------------------------

Drücken Sie die NACH-OBEN oder NACH-UNTEN-TASTE, um eine andere Option
zu wählen. Drücken Sie die EINGABETASTE, um die Einstellungen zu
bestätigen.



EINGABETASTE=Bestätigen  LEERTASTE=Auswahl ändern  F1=Hilfe  F3=Beenden
```

Abb. 20.1: Die Optionen von Memmaker

### Vorhandene EMM386-Speicheraus- und einschlüsse verwenden?

*EMM386.EXE*

Memmaker kann gezielt einige Speicheradressen des hohen Speicherbereiches bei der Optimierung aussparen, die durch die Optionen des Speichermanagers EM386.EXE festgelegt wurden.
Antworten Sie mit Ja, um die aktuellen Einstellungen von
EMM386 beizubehalten. Vergleichen Sie hier auch die nachfolgenden Ausführungen zum Speichermanager EM386.EXE.

### Verlegung des erweiterten Bios-Datenbereichs in hohen Speicher?

Standardmäßig liegt der Bios-Datenbereich im konventionellen
Arbeitsspeicher. In ihm sind alle Hardware-Setup-Einstellungen
Ihres Rechners festgelegt. Treten hier Probleme auf, sollten Sie mit
NEIN antworten.

Traten während der Speicheroptimierung Probleme auf, können
alle Einstellungen, die Memmaker in die Dateien CONFIG.SYS
und AUTOEXEC.BAT eingetragen hat, rückgängig gemacht werden. Normalerweise schlägt Memmaker automatisch vor, die
Speicheroptimierung nochmals mit weniger Optionen zu wieder-
holen. Sollen die Änderungen allerdings komplett rückgängig gemacht werden, geben Sie am Systemprompt ein:

```
C:\MEMMAKER /UNDO
```

Memmaker wird erneut aufgerufen, und Ihre alten Konfigurationsdateien werden wiederhergestellt.

## Speichermanager EMM386.EXE und Memmaker

Wie Sie vielleicht gemerkt haben oder es von DOS 5 her kennen, macht es erst der Speichermanager EMM386.EXE möglich, Programme und Gerätetreiber in den oberen Speicherbereich (UMB) zu laden. Memmaker bindet diesen Manager in die Datei CONFIG.SYS ein, falls Sie es noch nicht getan haben, und versucht dann mit bestimmten CONFIG.SYS-Befehlen, Treiber und residente Programme aus dem RAM hochzuladen. Installiert wird EMM386 durch folgenden den Eintrag in der CONFIG.SYS-Datei:

```
DEVICE=C:\EMM386.EXE
```

Die erforderlichen CONFIG.SYS-Befehle zum Hochladen lauten:

```
DEVICEHIGH= Treiber
```

und

```
DOS=UMB
```

Sofern Sie Extended-Memory besitzen und den Treiber HIMEM.SYS geladen haben, können Teile von DOS und speicherresidente Programme auch in den High Memory Bereich verschoben werden. In der CONFIG.SYS-Datei finden Sie dann den Eintrag

```
DOS=HIGH
```

sowie in der AUTOEXEC.BAT-Datei die Anweisung

```
LOADHIGH (oder LH) residentes Programm
```

 In der folgenden CONFIG.SYS- und AUTOEXEC.BAT-Datei finden Sie alle oben erwähnten Befehle wieder.

**AUTOEXEC.BAT:**
```
@ECHO OFF
LH /L:0;2,42896 /S C:\DOS6\SMARTDRV.EXE c 4048 2024
PROMPT $p$g
PATH C:\DOS6;c:\;C:\WINGRP;C:\;C:\BATCH;C:\TOOLS
```

```
SET TEMP=d:\
LH /L:2,16416 C:\DOS6\Keyb gr
LH /L:2,6528 C:\DOS6\doskey
```

**CONFIG.SYS:**
```
DEVICE=C:\DOS6\HIMEM.SYS
DEVICE=C:\DOS6\EMM386.EXE NOEMS X=D000-D0FF
DOS=UMB, HIGH

DEVICEHIGH /L:1,12224 =C:\DOS6\SETVER.EXE
DEVICEHIGH /L:1,5984 =C:\DOS6\RAMDRIVE.SYS 2024 /E
DEVICE=C:\WINGRP\protman.dos /i:C:\WINGRP
DEVICEHIGH /L:1,16384 =C:\WINGRP\SMC_ARC.DOS
DEVICEHIGH /L:1,7360 =C:\WINGRP\WORKGRP.SYS

BREAK=ON
buffers=3,0
FILES=30
SHELL=C:\DOS6\COMMAND.COM C:\DOS6\ /p
```

Der Schalter /L bei den Befehlen DEVICEHIGH und LOADHIGH definiert einen oder mehrere Speicherbereiche, in den der jeweilige Treiber geladen werden kann. Default versucht Memmaker den größten freien Upper Memory Block zu belegen. Einige Treiber benötigen aber mehr als einen freien Speicherbereich. Für solche Treiber können dann mehrere Bereiche festgelegt werden. Die Angabe DEVICEHIGH /L:4 = TREIBER lädt einen Treiber oder ein residentes Programm in den größten freien Block in Bereich vier.

### Die Optionen des EMM386-Treibers

Neben der Möglichkeit den oberen Speicherbereich (UMB) anzusprechen, simuliert EMM386 Expansionsspeicher, wenn Erweiterungsspeicher verwendet wird. So können auch Programme, die Expansionsspeicher benötigen, auf einem 386 oder 486er-Rechner ausgeführt werden. EMM386 bietet darüber hinaus zur Konfiguration eine Anzahl von Parametern und Schaltern.

*Expanded-Memory*

```
DEVICE = [Laufwerk:] [Pfad] EMM386.EXE
```

```
[ON|OFF|AUTO] [Speicher] [MIN=Größe] [W=ON|W=OFF]
[Mx|FRAME=Adresse|/Pmmmm] [Pn=Adresse] [X=mmmm-nnnn]
[I=mmmm-nnnn] [B=Adresse] [L=minXMS] [A=Doppelreg]
[H=Zugriffsnummern] [D=nnn] [RAM=mmmm-nnnn] [NOEMS]
[NOVCPI][NOHIGHSCAN] [QUIET] [WIN=mmmm-nnnn] [NOHI]
[ROM=mmmm-nnnn]
```

## Parameter

[Laufwerk:][Pfad]       Pfadangabe zu EMM386.EXE.

[ON|OFF|AUTO]           Lädt den Gerätetreiber EMM386.EXE (durch
                        Setzen auf ON), deaktiviert ihn (durch Setzen
                        auf OFF)

### Speicher

Bezeichnet die maximale Größe an vorhandenem Erweiterungs-
speichers, den EMM386.EXE als Expansions-Speicher simulieren
soll.

### MIN=Größe

Bezeichnet die minimale Größe des EMS-Speichers, den
EMM386.EXE immer zur Verfügung stellt.

### W=ON|W=OFF

Schaltet die Unterstützung des Weitek Koprozessors ein oder aus.
Die Standardeinstellung ist W=OFF.

### Mx

Angabe der Adresse des Seitenrahmens. Gültige Werte für x liegen
i Bereich 1 bis 14. Die folgende Liste zeigt alle Werte mit den zu-
gehörigen Basisadressen im Hexadezimalformat:

1 => C000h   8 => DC00h 2 => C400h   9 => E000h 3 => C800h   10
=> 8000h 4 => CC00h   11 => 8400h 5 => D000h    12 => 8800h 6
=> D400h   13 => 8C00h 7 => D800h    14 => 9000h

### FRAME=Adresse

Angabe des Seitenrahmensegmentes. Um für den Seitenrahmen
eine bestimmte Segmentbasisadresse anzugeben, verwenden Sie
die Option FRAME und geben die gewünschte Adresse an. Gültige Adressenwerte liegen in den Bereichen 8000h bis 9000h und
C000h bis E000h, in Schritten von 400h.

**/Pmmmm**
Bezeichnet die Adresse des Seitenrahmens.

**Pn=Adresse**
Bezeichnet die Segmentadresse einer bestimmten Seite, wobei n die Nummer dieser Seite ist und Adresse die gewünschte Segmentadresse.

**X=mmmm-nnnn**
Speicherausschluß für einen bestimmten Segmentadressenbereich, der von EMM386.EXE nicht verwendet werden soll.

**I=mmmm-nnnn**
Speichereinschluß für einen bestimmten Segmentadressenbereich, der von EMM386.EXE verwendet werden soll.

**B=Adresse**
Bezeichnet die niedrigste Segmentadresse ,die zum Wechseln der 16- Kilobyte-EMS-Seiten zur Verfügung steht.

**l=minXMS**
Stellt sicher, daß die angegebene Erweiterungsspeicherkapazität auch nach dem Laden von EMM386.EXE zur Verfügung steht.

**A=Doppelreg**
Gibt die Anzahl der schnellen Doppelregister an, die EMM386.EXE zugeordnet werden sollen.

**H=Zugriffsnummern**
Anzahl der Zugriffsnummern, die EMM386.EXE verwendet.

**D=nnn**
Anzahl an Kilobyte Speicher für gepufferten direkten Speicherzugriff (Direct Memory Access, DMA).

**RAM=mmmm-nnnn**
Bezeichnet einen Segmentadressenbereich, der für UMBs verwendet werden kann.

**NOEMS**
Ermöglicht den Zugriff auf den hohen Speicherbereich, es wird jedoch kein Expansionsspeicher bereitgestellt.

**NOHIGHSCAN**
Schränkt das Durchsuchen des hohen Speicherbereichs nach verfügbarem Speicher ein. Geben Sie diese Option nur an, wenn EMM386.EXE Probleme verursacht.

**QUIET**
Unterdrückt die Anzeige von Informationen beim Laden von EMM386.EXE.

**WIN=mmmm-nnnn**
Reserviert den angegebenen Segmentadressenbereich für Windows an Stelle von EMM386.EXE. Gültige Werte für mmmm und nnnn liegen im Bereich A000h bis FFFFh. Sie werden auf die nächst kleinere 4-Kilobyte-Grenze gerundet.

**[NOHI]**
Verhindert, daß EMM386.EXE in den hohen Speicherbereich geladen wird. Durch Setzen dieser Option wird der konventionelle Speicher verkleinert. Der verfügbare hohe Speicherbereich wird dagegen vergrößert.

**[ROM=mmmm-nnnn]**
Festlegung eines Segmentadressenbereiches für Shadow-RAM.

*Beispiel*
Wollen Sie zum Beispiel auf den hohen Speicherbereich zugreifen, möchten aber keinen Expanded-Memory zur Verfügung stellen, geben Sie ein:

```
DEVICE = EMM386.EXE NOEMS
```

# Index